Vorwort

Sonderpädagogische Förderschwerpunkte im Fokus
Schnelle Vorbereitung - leichte Umsetzung - glückliche Kinder

Liebe Kollegin, lieber Kollege

sonderpädagogischer Förderbedarf führt längst nicht mehr schnurstracks zum Besuch der Förder- oder Sonderschule. Damit haben sich ganz neue Herausforderungen für die allgemeinen Schulen ergeben. Sie als Lehrkraft wissen sehr gut, dass Unterricht in den seltensten Fällen wie geplant verläuft. Manchmal ist es der Bruchteil einer Sekunde, der genügt, um Ihre pädagogischen Pläne zu durchkreuzen.

Das gilt besonders für eine inklusive Klasse, in der es Schüler mit sonderpädagogischem Förderbedarf gibt. Damit Sie die Bedürfnisse Ihrer Kinder besser einordnen können, haben wir in dieser Broschüre das Wichtigste zu allen Förderschwerpunkten für Sie zusammengefasst. Sie erhalten Tipps zum Umgang mit Defiziten und zur jeweiligen Förderung. Wir starten mit einem kurzen Überblick, bevor wir danach mit Praxis-Hilfen und Fallbeispielen zu einzelnen Förderschwerpunkten in die Tiefe gehen.

Ich wünsche Ihnen viel Freude und Erfolg mit unseren Anregungen.

Herzlichst

J. Kärnbach

Jennifer Kärnbach

Jennifer Kärnbach ist Grundschullehrerin, systemische Beraterin und Expertin für Inklusion.

Inhaltsverzeichnis

Auf einen Blick: Diese Förderschwerpunkte gibt es

Rund eine halbe Million aller Schülerinnen und Schüler hat in Deutschland einen diagnostizierten sonderpädagogischen Förderbedarf. Die individuellen Bedürfnisse eines Schülers können vielfältig sein, weshalb sich die Förderung in verschiedene Schwerpunkte aufteilt. So kann man den jeweiligen Stärken und Schwächen des Kindes besser gerecht werden.

Es wird zwischen 8 verschiedenen Förderschwerpunkten unterschieden:

Lernen

Schüler mit Förderschwerpunkt „Lernen" haben in der Regel eine Lernbeeinträchtigung. Mit anderen Worten: Ihre Fähigkeit zu lernen ist durch hirnorganische, neurologische oder psychosoziale Ursachen beeinträchtigt. Dies hat natürlich Auswirkungen auf die Leistungen des Kindes und sein Verhalten im Unterricht.

Soziale und emotionale Entwicklung

Schüler mit Förderbedarf „Soziale und emotionale Entwicklung" sind in ihrem Verhalten auffällig. Unkonzentriertheit, fehlende Impulskontrolle, vielleicht hyperaktive oder aggressive Züge führen häufig zu Regelverletzungen. Nicht jedes Kind, das Ihren Unterricht stört, gehört zu dieser Fördergruppe. Ebenso wenig stört jeder Schüler mit Förderbedarf „Soziale und emotionale Entwicklung" pauschal den Unterricht.

Sprache

Bei Schülern mit dem Förderbedarf „Sprache" bestehen gravierende Probleme in der Sprache, was Sprachverstehen, -ausdruck, Schriftspracherwerb oder das Sprechen selbst betreffen kann. Die Kinder sind in der Kommunikation und häufig auch im Lernen und/oder Verhalten deutlich beeinträchtigt.

Geistige Entwicklung

Schüler mit geistiger Behinderung zeigen verschiedene Fähigkeiten und Kompetenzen in unterschiedlichen Entwicklungsbereichen. Jedes Kind kommt mit anderen Bedürfnissen in den Unterricht: Das eine braucht vermehrt Unterstützung bei der Entwicklung der Sprache, Wahrnehmung oder einer selbstständigen Lebensführung, das andere bei der Entfaltung der eigenen Persönlichkeit.

Für einen Schüler mit Förderschwerpunkt „Lernen" können neue Lerninhalte zur Herausforderung werden.

Körperliche und motorische Entwicklung

Kinder mit körperlicher Behinderung und motorischen Entwicklungsschwächen haben unterschiedliche Herausforderungen im schulischen Alltag zu meistern. Dies hängt davon ab, in welchem Grad ihr Stütz- und Bewegungsapparat beeinträchtigt ist. Auch die Unterstützung, die sie benötigen, steht damit unmittelbar im Zusammenhang.

Sehen

Kinder und Jugendliche mit Förderbedarf im Bereich „Sehen" können von unterschiedlichen Beeinträchtigungen im Sehen betroffen sein. Der Begriff „Sehschädigung" dient als Oberbegriff für die verschiedenen Formen und Grade eines eingeschränkten Sehvermögens, die von Sehbehinderung bis Blindheit reichen.

Hören

Wenn sich Kinder in einem Spektrum zwischen Schwerhörigkeit und Gehörlosigkeit bewegen, ist Förderbedarf im Bereich „Hören" gegeben. Die jeweiligen Hörstörungen wirken sich häufig auch auf die sprachliche und/oder allgemeine Entwicklung aus.

Kranke

Wenn Kinder unter schweren körperlichen oder psychischen Erkrankungen leiden, unterliegen sie besonderem Förderbedarf, der unter dem Überbegriff „Kranke" zusammengefasst wird. Typisch ist wochen- oder monatelanges Fernbleiben vom Unterricht.

Darüber hinaus gibt es Schüler, bei denen sich einzelne Förderschwerpunkte überlappen. Oft bedingen sie sich auch gegenseitig, wie z. B. Schwierigkeiten beim Lernen und im sozialen und emotionalen Bereich.

Da es im Schulalltag unserer Leserinnen und Leser häufiger eine Rolle spielt, nehmen wir für die vorliegende Broschüre außerdem den Autismus als Schwerpunkt mit auf:

Autismus

Kinder mit tiefgreifender Entwicklungsstörung haben ebenfalls besonderen Förderbedarf. Sie sind betroffen von einer schweren Störung des Sozialverhaltens und der Kommunikation. 2 typische Formen der sogenannten Autismus-Spektrum-Störung sind der frühkindliche Autismus und das Asperger-Syndrom.

Im Folgenden finden Sie zu den einzelnen Schwerpunkten weiterführende Informationen zur Einschätzung des Förderbedarfs sowie Anregungen, wie Sie betroffene Kinder bestmöglich fördern können.

Förderschwerpunkt „Lernen“

Schüler mit diesem Förderschwerpunkt sind in ihrer Fähigkeit beeinträchtigt, Informationen aufzunehmen. Meist haben Schüler einen erhöhten Förderbedarf in den Bereichen Wahrnehmung, Aufmerksamkeit, Ausdrucksfähigkeit, Lerntempo, Selbsteinschätzung und Selbstwertgefühl. Oftmals kommt es auch zu Überschneidungen mit anderen Förderschwerpunkten.

Die Ursachen für den Förderschwerpunkt „Lernen“ können organisch, neurologisch oder psychosozial bedingt sein:

Hirnorganische Schädigung
- Sauerstoffmangel bei der Geburt
- Frühgeburt
- Hirnhautentzündung
- Vergiftung

Psychosoziale Ursachen
- schwieriges soziales Umfeld
- unzureichende Anregung und Förderung in verschiedenen Entwicklungsphasen (z. B. als Säugling)
- Vernachlässigung
- nicht ausreichend emotionale Zuwendung
- psychische Erkrankungen in der Familie

Daraus ergeben sich unterschiedliche Formen der Lernbeeinträchtigung:

Vorübergehende Lernbeeinträchtigungen

Diese sind meist seelisch bedingt. Dem Schüler helfen Sie am besten, indem Sie sicherstellen, dass er professionelle Unterstützung bekommt und die häusliche Situation für ihn tragbar ist. Schalten Sie ggf. das Jugendamt ein, wenn klare Anzeichen für Vernachlässigung oder psychische Erkrankungen der Erziehungsberechtigten vorliegen.

Dauerhafte Lernbeeinträchtigungen

In diesem Fall ist die Ursache meist organisch bedingt. Versuchen Sie, die Chancen und Grenzen des Kindes zu ermitteln und es dementsprechend so zu fördern, dass es sein volles Potenzial entfalten kann.

Partielle Lernbeeinträchtigung

Das Lernen Ihres Schülers ist nur in einem bestimmen Bereich (z. B. Mathematik oder Deutsch) eingeschränkt.

Umfassende Lernbeeinträchtigung

Sie können von dieser Form ausgehen, wenn Ihr Schüler eine allgemein über alle Schulfächer hinweg auftretende Lernbeeinträchtigung zeigt. Die gesonderte Förderung sollte dann in allen Fächern erfolgen.

Wie hoch ist der Anteil dieses Förderschwerpunktes?
Mit 43,7 % ist dies der größte Anteil.

Wie hoch ist die Inklusionsquote in etwa?
Die Inklusionsquote liegt bei 18,9 %.

Wie der Förderschwerpunkt „Lernen“ einzuschätzen ist

Eine Lernbeeinträchtigung bedeutet, dass ein Schüler seine Aufgaben eventuell nicht auf demselben Anforderungsniveau bewältigen kann wie andere Schüler seines Alters. Er kann von einer (meist geringen) Intelligenzminderung betroffen sein. Bei schweren Intelligenzminderungen liegt meist der Förderschwerpunkt „geistige Entwicklung“ vor. Die Trennung zwischen den beiden Bereichen ist allerdings nicht immer eindeutig.

Zusammenhänge mit anderen Förderschwerpunkten

Es kann unter Umständen einen Zusammenhang zwischen Schwierigkeiten beim Lernen und der sozialen und emotionalen Entwicklung (SEE) geben. Um richtig intervenieren zu können, sollten Sie wissen, was bei Ihrem Schüler die Ursache und was die Folge der Probleme ist.

1. Die Lernbeeinträchtigung verursacht einen Förderbedarf SEE
Ihr Schüler ist nicht in der Lage, die Leistung zu bringen, die seine Mitschüler zeigen. Dies frustriert das Kind verständlicherweise. Es beginnt, dieses Gefühl auf schulische Aspekte im Allgemeinen zu projizieren. Dadurch entwickelt Ihr Schüler z. B. aggressive Verhaltensweisen gegenüber seinen Mitschülern, kommt mit Regeln in Konflikt oder verweigert die Mitarbeit.

2. Der Förderbedarf SEE begünstigt eine Lernbeeinträchtigung
Ihr Schüler ist sozial auffällig. Er verstößt gegen Regeln und entzieht sich der aktiven Teilnahme am Unterricht. Das Kind verweigert Aspekte wie Mitarbeit, Hausaufgaben

Lernbeeinträchtigungen

Quelle: Engelbrecht/Weinert

Ihr Schüler zeigt 1.) Kritisches • Arbeits-, • Sozial- und/oder • Lernverhalten und/oder 2.) Schwierigkeiten beim Erlernen von Kulturtechniken • Lesen • Schreiben • Rechnen → meist keine Intelligenzminderung	Bei Ihrem Schüler sind Bereiche des Lernens <u>vorübergehend</u> betroffen: 1.) partiell z. B. Wissenslücken in einzelnen Fächern und/oder 2.) allgemein: z. B. • psychogene Lernstörung = seelisch bedingt • Verweigerung von Mitarbeit oder Schulbesuch	Bei Ihrem Schüler sind Bereiche des Lernens <u>dauerhaft</u> betroffen: 1.) partiell z. B. Dyskalkulie und/oder 2.) allgemein: z. B. • neurogene Störungen = hirnorganisch bedingt • Entwicklungsstörung

Ihr Schüler zeigt möglicherweise ...

Lernbehinderungen Schweregrad 1 Interventionen: • Sozialtraining • Konzentrationstraining • Förderung der Kulturtechniken	**Lernbehinderungen** Schweregrad 2 Interventionen: • sonderpädagogische Förderung Ziel: Lücken schließen • Entspannungstraining • Verhaltenstherapie	**Lernbehinderungen** Schweregrad 3 Interventionen: • sonderpädagogische Förderung • Ziel: lernzieldifferent fördern • therapeutische und/oder • medizinische Maßnahmen

Über die spezifischen Interventionen hinaus ist Ihr Classroom Management für Schüler mit Lernbeeinträchtigungen besonders wichtig.

oder die Teilnahme am Unterricht: all das, was notwendig ist, um seinen Lernprozess zu unterstützen. Dadurch entstehen Wissenslücken und Lernrückstände.

Diagnose und Förderung

Bei Schülern mit Verdacht auf einen erhöhten Förderbedarf im Bereich „Lernen“ ist eine genaue Diagnose von großer Bedeutung. Nur so kann geklärt werden, welche Interventionen überhaupt greifen können. Als Lehrkraft können Sie in Kooperation mit den Eltern ein Verfahren zur Feststellung von sonderpädagogischem Förderbedarf anregen und einleiten.

Weist Ihr Schüler eine diagnostizierte Lernbeeinträchtigung auf, können Sie ihn lernzieldifferent unterrichten. Das bedeutet, dass Ihr Schüler nicht die Lernziele des für die Klassenstufe vorgesehenen amtlichen Lernplans zu erfüllen hat. In der Regel sind dafür ein Gutachten über einen sonderpädagogischen Förderbedarf und ein Beschluss der Klassenkonferenz nötig.

Was Sie tun können, wenn Ihr Schüler die Mitarbeit verweigert

Diese Woche beginnt die Arbeit in der Mathematik-Lernwerkstatt. Sie haben in den vergangenen Tagen das Material mit hohem Aufforderungscharakter sorgfältig ausgewählt. Heute Morgen erst haben Sie mit den Schülern über das Arbeiten und Verhalten in der Lernwerkstatt gesprochen. Mit einem zufriedenen Lächeln beobachten Sie, wie Ihre Schüler sich begeistert ans Werk machen: alle – nur nicht David. Er hat sich lustlos in eine Ecke verzogen und hofft, dass die Stunde schnell vorübergeht.
Um bei Arbeitsverweigerung richtig zu reagieren, müssen Sie wissen, wo die Ursache für dieses Verhalten liegt. Ein Schüler hat in der Regel einen Grund für dieses Verhalten. Er wird sich Ihnen am ehesten öffnen, wenn Sie ihm in einem 4-Augen-Gespräch begegnen, ohne ihm Vorwürfe zu machen. Versuchen Sie, die Hintergründe zu erfahren. Mögliche Ursachen für dieses Verhalten können sein:

1. Ihr Schüler hat etwas nicht verstanden

Es ist möglich, dass Ihr Schüler neue Lerninhalte nicht so schnell erfassen kann wie andere Kinder. Etwas behindert vielleicht die Fähigkeit, Informationen einzuordnen, sie zu sortieren und miteinander zu verknüpfen. Je abstrakter ein Thema, umso schwerer fällt es Ihrem Schüler möglicherweise.

Beispiel: „Anleitung für die schriftliche Multiplikation“

Ich schreibe die beiden Zahlen nebeneinander: 23 x 5 =
Ich beginne mit der rechten Zahl: 5
Ich nehme die Einer der linken Zahl mit der rechten Zahl mal: 3 x 5
Ich notiere es so: 23 x 5
15
Ich nehme die Zehner der linken Zahl mit der rechten Zahl mal: 20 x 5
Ich notiere es so: 23 x 5
15
100
Ich zähle die beiden neuen Zahlen zusammen: 15 + 100 = 115

- Fahren Sie 2-gleisig in Bezug auf Fachbegriffe. Bieten Sie beispielsweise zu Termini wie „Multiplikation“ auch „Malnehmen“ an.
- Geben Sie Schülern mit Lernbehinderung einen Fahrplan für abstrakte Vorgehensweisen.
- Signalwörter und Farben helfen, die Übersicht zu behalten.

An dieser „Anleitung“ lässt sich gut erkennen, wie schwer es ist, komplexe Vorgänge in einfache Worte zu fassen. Man erkennt gut, wie viel schwerer es für ein Kind mit Lernbehinderung sein muss, sie nachzuvollziehen oder zu automatisieren.

Ermutigen Sie Ihren Schüler nachzufragen. Achten Sie auf ein Klima der Rücksichtnahme und Toleranz: Ein Schüler, der zugibt, etwas nicht verstanden zu haben, sollte keinesfalls von seinen Mitschülern dafür gehänselt werden.

2. Ihr Schüler ist demotiviert

Motivation entsteht in Bezug auf Lerninhalte meist dann, wenn der Schüler bereits Vorwissen hat und an einem Thema besonders interessiert ist, weil es seine Neugier weckt. Nun ist natürlich Fakt, dass nicht jeder Lehrplaninhalt bei allen Ihren Schülern auf große Begeisterung stößt.

Schüler aus bildungsfernen Familien haben es oft noch schwerer, sich für etwas zu begeistern. Haben sie weniger Vorerfahrungen und Grundwissen, kann es dazu führen, dass sie auch weniger Interesse zeigen. Es gibt in diesem Fall nicht viel, worauf sie aufbauen oder woran sie anknüpfen könnten. Als Lehrkraft können Sie dies folgendermaßen berücksichtigen:

© Svetlana Braun – iStock.com

Arbeitsverweigerung kann verschiedene Hintergründe haben.

- Differenzieren Sie stark. Versuchen Sie, das richtige Anforderungsniveau für lernschwächere Schüler zu finden, sodass sie ggf. kein Vorwissen benötigen.
- Reduzieren Sie den Umfang an Material und Anforderung: Je mehr das Kind das Gefühl hat, die Aufgabe bewältigen zu können, desto leichter wird es sich darauf einlassen.
- Geben Sie Anreize: Positive Verstärkung kann viel bewirken. Ist das richtige Maß an Umfang und Anforderungsniveau gefunden, ist es hilfreich, mit dem Schüler erreichbare Ziele zu vereinbaren. Erfüllt Ihr Schüler diese, kann es eine kleine Anerkennung dafür geben. Je älter die Schüler, desto mehr müssen Sie sich hier einfallen lassen. Vielleicht hat Ihre Klasse einen besonderen Wunsch für den Wandertag, wie z. B. ein Freizeitparkbesuch oder Städtetrip? Arbeiten Sie gemeinsam an diesem Ziel: Jeder Schüler sammelt mit seinem Verstärkerplan Punkte. Ausreichend Punkte legitimieren den besonderen Ausflug. Jeder kann im Rahmen seiner Möglichkeiten dazu beitragen, das Vorhaben zu realisieren.

3. Ihr Schüler ist unkonzentriert

Um sich konzentrieren zu können, müssen die Grundbedürfnisse Ihres Schülers befriedigt sein. Nicht jede Konzentrationsstörung muss ein Hinweis auf AD(H)S sein. Ausreichend Schlaf, Gesundheit und gesunde Ernährung sind die Voraussetzungen, um seine Gedanken auf Lerninhalte richten zu können. Diese Tipps helfen Ihnen:

Wenn Ihr Schüler hungrig ist ...

... sollten Sie mit ihm über seine Frühstücksgewohnheiten sprechen. Bei jüngeren Schülern ist es wichtig, die Eltern einzubeziehen. Ältere Schüler sind meist selbst in der Lage, morgens darauf zu achten, nicht hungrig aus dem Haus zu gehen. Ein gemeinsames Frühstück vor der Pause hilft vor allem jüngeren Schülern, den Konflikt zwischen Spielen und Nahrungsaufnahme zu lösen. Ob Sie dafür Zeit einplanen können, hängt sicherlich von der Struktur und den Gepflogenheiten Ihrer Schule ab.

Wenn Ihr Schüler müde ist ...
... ist es ratsam, die Schlafgewohnheiten zu thematisieren. Geht das Kind bzw. der Jugendliche abends früh genug ins Bett, kann aber nicht gut schlafen, belastet ihn vielleicht etwas. Diese Frage können Sie ebenfalls in einem Gespräch mit Ihrem Schüler einfühlsam thematisieren. Gegebenenfalls kann der Schulpsychologe zurate gezogen werden. Schläft das Kind nicht ausreichend, sollten Sie mit den Eltern darüber sprechen.

Wenn Ihr Schüler krank ist ...
... kann es sinnvoll sein, dass Sie ihn nach Hause schicken. In der Schule können weder Schüler noch Lehrer leistungsfähig sein, wenn sie angeschlagen sind. Berufstätige Eltern gehen leider immer häufiger unachtsam mit dieser Situation um.

Wenn ein Schüler häufiger krank in die Schule kommt ...
... ist es ratsam, wenn Sie hier im Elterngespräch klare Worte sprechen, ohne Vorwürfe zu erheben.

Wenn Ihr Schüler eine Konzentrationsstörung hat ...
... muss dies von einem Kinder- und Jugendpsychologen diagnostiziert werden. Ihr Schüler isst und schläft ausreichend und ist nicht angeschlagen? Dann sollten Sie ihn weiter beobachten und dokumentieren, in welchem Ausmaß und in welchen Situationen seine Konzentration nachlässt. Haben die Eltern ähnliche Beobachtungen beispielsweise beim Üben und den Hausaufgaben gemacht, ist es sinnvoll, Hilfe beim Kinderarzt zu suchen. Liegt tatsächlich eine diagnostizierte Konzentrationsstörung vor, sollten Sie dies in Ihrem Unterricht berücksichtigen. Planen Sie für den Schüler mehr Pausen zur Erholung ein, und reduzieren Sie den Umfang an Aufgaben und Inhalten. Ein Konzentrationstraining kann bei der individuellen Förderung berücksichtigt werden.

4. Ihr Schüler hat Schwierigkeiten, mit der Arbeit zu beginnen

Offene Unterrichtskonzepte haben das Ziel, Schüler zum eigenverantwortlichen Lernen zu erziehen. Als Lehrkraft übertragen Sie dabei Schritt für Schritt die Verantwortung für den Lernprozess Ihren Schülern. Lernbehinderte Kinder brauchen dabei allerdings mehr Unterstützung als andere.

Die Arbeit an Stationen, am Wochenplan oder in der Lernwerkstatt erfordert vom Schüler eine ganze Reihe an Kompetenzen, um sein Lernen zu organisieren. In der Regel haben Sie bei diesen Konzepten eine ganze Reihe von verschiedenen Lernangeboten für die Klasse vorbereitet. Ihr Schüler ist womöglich mit der Fülle an Arbeitsaufträgen ebenso überfordert wie mit der Freiheit, die Reihenfolge selbst zu bestimmen.

PRAXISTIPP: Geben Sie Schülern mit Lernbehinderung mehr Struktur. Gliedern Sie Wochenpläne in Tagespläne. Geben Sie Laufzettel für die Stationenarbeit oder Lernwerkstatt aus. Legen Sie die Reihenfolge der zu bearbeitenden Aufgaben fest. Eine weitere Möglichkeit, das Kind zu unterstützen, ist, ihm einen Lernpartner zur Seite zu stellen, dem das eigenverantwortliche Lernen bereits leichter fällt.

5. Ihr Schüler sucht Aufmerksamkeit

Es ist außerdem möglich, dass David in unserem Fallbeispiel mit seiner Arbeitsverweigerung bezwecken möchte, dass Sie auf ihn zugehen und ihn ermahnen bzw. auffordern zu arbeiten. Ihr Schüler sucht Aufmerksamkeit. Interessanterweise muss dies nicht einmal positive Aufmerksamkeit sein. Hier spielt die häusliche Erziehung eine entscheidende Rolle. Möglicherweise erhält David zu Hause gerade dann Zuwendung, wenn er ein negatives Verhalten an den Tag legt. In diesem Fall wird er in der Schule auf die gleiche Weise versuchen, sein Bedürfnis zu befriedigen.

Um den Kreislauf zu durchbrechen, sollten Sie dem Schüler nur dann Aufmerksamkeit zukommen lassen, wenn er ein positives Verhalten zeigt. Arbeitsverweigerung und Unterrichtsstörungen sollten Sie prinzipiell so gut wie möglich ignorieren. Bei jüngeren Schülern ist es hilfreich, wenn Sie bewusst andere Schüler beachten und loben, die das gewünschte Verhalten zeigen.

Fazit

Wenn Ihr Schüler die Mitarbeit verweigert, muss dies nicht immer aus Unlust oder Rebellion geschehen. Oftmals lässt sich mit einfachen Maßnahmen schon eine deutliche Verbesserung erreichen.

Was Sie tun können, wenn Ihr Schüler sehr unordentlich arbeitet

Am Ende einer anstrengenden Schulwoche sammeln Sie die Deutschhefte Ihrer Klasse ein. Als Sie sich diese am Wochenende zur Durchsicht vornehmen, wissen Sie bereits, was Sie erwartet, wenn Sie Florians Heft öffnen. Seine Arbeitsergebnisse sind in der Regel unbefriedigend. Kein Hefteintrag ist ordentlich. Seine Schrift ist unleserlich. Das Datum fehlt prinzipiell. Die Überschriften sind, wenn überhaupt vorhanden, sicherlich nicht mit Lineal unterstrichen. Beinahe jedes 3. Wort scheint durchgestrichen und unästhetisch verbessert worden zu sein. Dabei hat Florian noch einen ganzen Haufen Rechtschreibfehler gar nicht bemerkt. Sie bezweifeln, dass ihm diese Unterlagen etwas nützen werden, wenn er sich auf die Klassenarbeit vorbereiten soll.

Einigen Schülern mit Förderschwerpunkt „Lernen“ fällt es schwer, eine Struktur in ihre Hefteinträge zu bringen. Auch ein leserliches Schriftbild zu entwickeln bereitet so manchem Schwierigkeiten. In 1. Linie ist die Ursache nicht in Unlust oder Desinteresse begründet. Vielmehr haben sie Probleme mit der Feinmotorik, und auch die visuelle Wahrnehmungsfähigkeit kann beeinträchtigt sein.

Ihr Schüler hat im Laufe seiner Schullaufbahn gemerkt, dass seine Arbeitsergebnisse nicht seinen eigenen Ansprüchen, geschweige denn Ihren Erwartungen entsprechen können. Es ist kein Wunder, dass seine Bemühungen um Sorgfalt und Ästhetik nachlassen. Ihre Interventionsmöglichkeit besteht darin, Ihren Schüler im Rahmen seiner Möglichkeiten zu motivieren, sein Bestes zu geben.

- Seien Sie nicht zu anspruchsvoll. Erwarten Sie nicht, dass Hefteinträge wie gedruckt aussehen.
- Legen Sie klare Strukturen fest. Beispiele:
  - Datum oben rechts: 2 Kästchen Abstand vom durchgezogenen Rand
  - Überschrift: unterstreichen mit Lineal und Buntstift
  - Zeilenabstand: nur in jede 2. Kästchen-Reihe schreiben
  - Fehler: Wörter werden mit Lineal durchgestrichen (kein Tintenkiller, kein „Überkritzeln“)
- Üben Sie das Einhalten der Kriterien wie einen Lerninhalt zu Beginn des neuen Schuljahres.
- Bewerten Sie Hefteinträge nach diesen Kriterien, und lassen Sie die Punkte ins Belohnungssystem einfließen.
- Seien Sie ein Vorbild bei der Gestaltung Ihrer Tafelanschriften.

- Lassen Sie Übungen zur visuellen Wahrnehmungsfähigkeit in die Förderung einfließen.

Bei jüngeren Schülern können Sie durch diese Struktur von Anfang an die Kompetenz trainieren, strukturierte und ordentliche Arbeitsergebnisse abzuliefern.

Fazit

Ziehen Sie keine „öffentlichen" Vergleiche, indem Sie ästhetische Hefteinträge vor der Klasse präsentieren. Dies wirkt sich auf Ihre Schüler mit Schwierigkeiten in diesem Bereich eher negativ aus. Dies führt ihnen nur erneut vor Augen, wie weit sie von dem Ideal ihrer Lehrkraft entfernt sind.

Was Sie tun können, wenn Ihr Schüler sehr langsam arbeitet

Es ist Mittwoch, letzte Stunde vor Schulschluss. Zeit für ein Zwischenfazit mit Ihrer Klasse. Sie wollen von Ihren Schülern wissen, wie weit sie mit ihren Wochenplänen gekommen sind, was ihnen Schwierigkeiten bereitet und was sie Neues gelernt haben. Die meisten Jugendlichen liegen gut im Zeitplan. Als Sie durch die Runde schauen, fällt Ihr Blick auf Nathalies Wochenplan, der immer noch blank ist. Auf Ihre Nachfrage erklärt das Mädchen, sie sei noch mit keiner der Aufgaben ganz fertig.

Ein stark verlangsamtes Arbeitstempo ist für einige Schüler mit Lernbeeinträchtigung nichts Ungewöhnliches. Die Tatsache, dass sie für die meisten Aufgaben mehr Zeit benötigen, kann verschiedene Gründe haben:

1. Verständnisschwierigkeiten

Ihr Schüler hat möglicherweise Probleme zu erfassen, was genau er tun soll. Diese können vom sprachlichen oder inhaltlichen Aspekt herrühren. Achten Sie bei der Formulierung von Aufgabenstellungen auf Klarheit.

2. Verlangsamtes Lesetempo

Reduzieren Sie die Textlänge, und fördern Sie die Lesegeschwindigkeit des Schülers. Dies lässt sich am besten durch Blickspannerweiterung erreichen. Typische Übungsformen sind Wortpyramiden und die Wortsuche im Buchstabensalat:

V xxxxxxxxxxxx

VO xxxxxxxxxxxx

VOG xxxxholenxx

VOGE xxxxxxxxxxxx

VOGEL xxxxxxxxxxxx

3. Schwierigkeiten bei der Sinnentnahme

Sind Texte nicht nur zu lang, sondern auch zu schwierig, kann es Schülern schwerfallen, die relevanten Informationen zu entnehmen. Hier gilt es zu differenzieren: Nicht jeder Schüler muss den gleichen Text bekommen. Erfahren Sie hier, worauf Sie bei der Gestaltung von Informationstexten für lernschwächere Schüler achten sollten:

Beispiel: So vereinfachen Sie einen Text für Schüler mit Lernbehinderung

Ausgangstext	Vereinfachter Text
Der Waschbär (Procyon lotor), welcher auch als Nordamerikanischer Waschbär oder im Volksmund als „Schupp" bezeichnet wird, ist ein mittelgroßes Säugetier, das in Nordamerika beheimatet ist. Das überwiegend nachtaktive Raubtier hielt Mitte des 20. Jahrhunderts als Neozoon Einzug in sein neues Territorium: das europäische Festland, Japan und den Kaukasus. Dieser Vertreter der Familie der Kleinbären bringt es mit einer Gesamtkörperlänge zwischen 41 und 71 cm zu einem durchschnittlichen Gewicht von 3,6 und 9,0 kg. Typische Merkmale sind seine auffällige Gesichtsmaske, sein überdurchschnittlich gutes Gedächtnis und sein ausgeprägtes haptisches Wahrnehmungsvermögen der Vorderpfoten ...	• Der Waschbär ist ein Säugetier. Er kommt aus Nordamerika. Vor ungefähr 65 Jahren kam der Waschbär auch nach Europa. • Er ist meist in der Nacht wach und schläft am Tag. • Der Waschbär ist ungefähr so groß wie ein Fuchs. Es sieht so aus, als hätte er eine Maske auf. • 2 Dinge kann der Waschbär besonders gut: • Er kann sich Dinge sehr gut merken. • Er kann mit seinen Vorderpfoten sehr gut greifen.

- Halten Sie Informationstexte kurz.
- Achten Sie darauf, dass keine unnötigen Informationen enthalten sind.
- Gliedern Sie die Informationen in viele Absätze.
- Benutzen Sie einfache Wörter.
- Erklären Sie Fachausdrücke.
- Wählen Sie eine große Schrift.
- Heben Sie ggf. wichtige Aspekte grafisch hervor.
- Verwenden Sie eine kurze, einfache Syntax.
- Achten Sie darauf, dass nicht mehr als ein Nebensatz enthalten ist.
- Geben Sie ggf. dem Schüler die Möglichkeit, den Text anzuhören.
- Unterstützen Sie das Textverständnis durch passende einfache Bilder.

4. Verlangsamtes Schreibtempo

Möglicherweise hat Ihr Schüler Schwierigkeiten mit der Feinmotorik. Diese können Sie gesondert fördern und den Eltern ggf. eine Ergotherapie empfehlen. Wichtig ist, dass Sie den Umfang des zu schreibenden Textes reduzieren. Es ist ein Trugschluss zu meinen, dass ein motorisch schwaches Kind durch viel Schreiben besser würde. Im Gegenteil: Es wird in der Regel dadurch demotiviert. Seine Anstrengungsbereitschaft sinkt, und es verweigert womöglich irgendwann grundsätzlich das Schreiben. Lassen Sie den Schüler besser kurze gezielte Übungen machen. Diese lassen sich gut in den Förder- oder Wochenplan integrieren.

5. Schwierigkeiten beim Formulieren eigener Gedanken

Ein weiterer Grund, weshalb der Schüler sehr langsam schreibt, kann sein, dass es ihn viel Zeit kostet, seine Gedanken in Worte zu fassen. Vielleicht hat er eine Idee und weiß die Antwort auf die Frage, doch er bekommt sie nicht aufs Papier. Textbausteine könnten Ihrem Schüler helfen: Sammeln Sie mit den Kindern nützliche Einleitungen und Formulierungen je nach Schreibanlass. Gebrauchen Sie diese in Gesprächsrunden, und üben Sie mit Ihren Schülern die passende Verwendung ein. Diese Liste darf der Schüler dann zur Hand nehmen, wenn er Bedarf hat.

Beispiele:

- In dem Text steht, dass ...
- Ich habe herausgefunden, dass ...
- Ich glaube, dass ...
- Ich bin der Meinung, dass ...
- Meiner Meinung nach ...
- Wenn ich an seiner Stelle wäre, würde ich ...

Fazit

Ein sehr langsam arbeitender Schüler muss nicht unbedingt bummeln. Meist gibt es Gründe für sein verlangsamtes Arbeitstempo. Sie können Ihren Schüler dabei unterstützen, das geforderte Pensum zu schaffen: Intervenieren Sie je nach Ursache, und helfen Sie dem Schüler, nicht den Mut zu verlieren.

Was Sie tun können, wenn Ihr Schüler häufig zu spät kommt

Es ist Freitagmorgen. Der Unterricht beginnt wie jeden Tag um 8:00 Uhr. Ihre Schüler kommen zur Ruhe und richten ihre Aufmerksamkeit auf Ihre Hinführung zum neuen Thema. Wie gewöhnlich haben Sie viel Vorbereitung in diese Unterrichtsphase investiert. Doch nicht alle Ihre Schüler profitieren davon: Um 8:25 Uhr geht die Tür des Klassenzimmers auf, und Luca spaziert gemütlich zu seinem Platz. Die Aufmerksamkeit Ihrer Schüler ist dahin. Luca weiß selbstverständlich nicht, worum es gerade geht.

Es ist möglich, dass Ihr Schüler morgens zu spät kommt, weil er zu Hause nicht die nötige Unterstützung bekommt, um pünktlich zum Unterricht zu erscheinen. Unter Umständen ist niemand zu Hause, wenn er aufstehen sollte, oder es achtet niemand darauf, dass er rechtzeitig das Haus verlässt. Eine andere Möglichkeit ist, dass Ihr Schüler zwar zur rechten Zeit das Haus verlässt, aber auf dem Schulweg Zeit vertrödelt. Vielleicht kommt er unabsichtlich zu spät, vielleicht aber auch ganz bewusst. Versuchen Sie zunächst, die Ursache für die regelmäßigen Verspätungen herauszufinden.

Ein Gespräch mit den Eltern führen

Im Elterngespräch können Ihnen folgende Fragen helfen, die Hintergründe für das häufige Versäumen der ersten Minuten Ihres Unterrichts zu verstehen:

- Wann geht das Kind in der Regel ins Bett?
- Gibt es eine Struktur am Abend? Wie sieht sie aus?
- Wie wird der Schüler morgens geweckt?
- Wie lange sollte er für den Schulweg brauchen?
- Wie viel Zeit liegt tatsächlich zwischen Verlassen des Hauses und Eintreffen im Unterricht?

Viele Kinder schlafen nicht ausreichend. Fragen Sie die Eltern nach den Schlafgewohnheiten und Abendritualen des Kindes. Es kommt vor, dass das Kind ausreichend schläft

Schwänzen ist besonders bei älteren Schülern ab der Pubertät ein ernst zu nehmendes Problem.

und morgens dennoch sehr erschöpft und unausgeruht ist. Tritt dies über einen längeren Zeitraum hinweg auf, raten Sie den Eltern, dies mit einem Kinderarzt zu besprechen.

Was an Struktur für den Abend nötig ist, gilt natürlich auch für den Morgen. Sind die Eltern zu Hause, sollten sie mit ihren Kindern aufstehen. Leider ist das nicht unbedingt selbstverständlich. Sprechen Sie auch hier mit den Eltern über feste Rituale.

- Wecken zu einer festen Uhrzeit
- Morgenhygiene
- gemeinsames Frühstück
- an alle Schulutensilien denken
- um eine feste Zeit das Haus verlassen

Zu viel Zeit am Morgen ist nicht unbedingt gut, um in Schwung zu kommen. Jüngere Schüler, die zu früh geweckt werden, nutzen die überflüssige Zeit gern zum Spielen und können sich dann schwer losreißen. Für ältere Schüler steigt die Versuchung, morgens „noch schnell“ Hausaufgaben o. Ä. zu machen.

Um pünktlich das Haus zu verlassen, kann es hilfreich sein, dass Schüler sich gegenseitig „einsammeln“: Kinder aus der Nachbarschaft gehen gemeinsam zur Schule. Dies funktioniert selbstverständlich nur, wenn alle zuverlässig sind und sich an verabredete Zeiten halten.

Wenn Sie im Elterngespräch erfahren haben, dass der Schüler morgens rechtzeitig das Haus verlässt, er allerdings dennoch zu spät in der Schule eintrifft, können Sie mit den Eltern Folgendes vereinbaren:

Ihr Schüler vertrödelt zu viel Zeit auf dem Schulweg

Verlässt das Kind rechtzeitig das Haus, sind die Eltern ihrer Verantwortung zunächst nachgekommen. Sie müssen nun gemeinsam intervenieren, um eine Lösung für den Schulweg zu finden.

Ist ein Elternteil nicht berufstätig, kann es helfen, wenn er das Kind zur Schule begleitet. Dies ist für Ihren Schüler sicher unangenehm. Möglicherweise reicht diese Maßnahme bereits aus, dass Ihr Schüler nach ein paar Tagen wieder eigenständig und verantwortungsbewusst den Schulweg antritt. Ist dies nicht möglich, können Sie verschiedene Vereinbarungen mit dem Schüler treffen.

Beispiele:

- An Tagen, an denen Ihr Schüler nicht pünktlich ist, werden ihm zu Hause gewisse Privilegien entzogen, z. B. Handy, Fernsehen, Kino am Wochenende.
- Trödelt das Kind tatsächlich, nimmt aber generell gern am Unterricht teil, können Sie es in Absprache mit den Eltern suspendieren, wenn es nicht rechtzeitig erscheint.
- Suspendiert werden kann der Schüler auch von angenehmen Aktivitäten (z. B. Ausflügen).
- Die verpassten Minuten (werden z. B. verdoppelt und) ...
  ... müssen über zusätzliche „Lernzeit“ in Form von Hausaufgaben etc. nachgearbeitet werden.
  ... müssen am Ende des Schultages in einer anderen Klasse nachgeholt werden.

Fazit

Ist klargestellt, dass das verspätete Eintreffen nicht durch mangelnde Fürsorge der Eltern zustande kommt, sollten Sie gemeinsam die Verantwortung an das Kind übertragen. Ihr Schüler muss sich bewusst werden, dass es seine Pflicht ist, rechtzeitig zum Unterricht zu erscheinen. Dies erreichen Sie durch verschiedene Maßnahmen wie Nachholen der Zeit oder Suspendierung.

PRAXISTIPP: In vielen Fällen hat es bereits geholfen, dass die Eltern dem Kind eine Uhr geschenkt oder einen Wecker auf die Uhrzeit gestellt haben, zu der es aufbrechen muss.

Was Sie tun können, wenn Ihr Schüler schwänzt

Es ist ein Montagmorgen wie viele andere. Sie händigen Ihren Schülern gerade die neuen Wochenpläne aus. Für Hannah haben Sie im Sinne der Individualisierung einen besonderen Wochenplan ausgearbeitet. Doch sie ist wieder einmal nicht anwesend. Im Laufe der 1. Stunde realisieren Sie: Hannah kommt nicht nur zu spät, sie kommt überhaupt nicht.

Unregelmäßige Schulbesuche haben meist einen Grund. Die Ursachen können dabei vielfältig sein. Generell lässt sich feststellen:
- Schulschwänzer sind oft Außenseiter. Herrschen ein soziales Lernklima und ein guter Klassenzusammenhalt, fehlen Schüler weniger häufig. Je besser ein Schüler in die Klasse integriert ist, desto seltener wird er in der Regel schwänzen.
- Es besteht ein Zusammenhang zwischen Leistung und Fehltagen. Leistungsschwache Schüler fehlen häufiger als leistungsstarke. Durch die Abwesenheit entsteht eine Spirale, denn die Leistung sinkt dadurch meist weiter ab.

Schwänzt Ihr Schüler regelmäßig den Unterricht, können Sie Folgendes tun:

1. Schnell reagieren

Schulschwänzen ist ein vermeidendes Verhalten. Der Schüler entzieht sich der Verpflichtung, anwesend zu sein, Hausaufgaben zu machen, mitzuarbeiten, Leistung zu bringen. Am Anfang kostet es den Schüler meist noch Überwindung, dem Unterricht bewusst fernzubleiben. Viel zu groß ist die Angst, erwischt zu werden und Konsequenzen zu spüren. Je öfter ein Schüler aber schwänzt, ohne dass eine Konsequenz eintritt, desto niedriger wird die Hemmschwelle.

Darum ist es wichtig, dass Sie frühzeitig reagieren. Wann und wie Sie dabei reagieren sollten, hängt von der Art des Fernbleibens ab:

a) bei unentschuldigtem Fehlen

In den Schulgesetzen der einzelnen Bundesländer ist die gesetzliche Schulpflicht geregelt. Fehlt ein schulpflichtiges Kind unentschuldigt, müssen in manchen Bundesländern sofort die Eltern verständigt werden. Denn es besteht die Möglichkeit, dass dem Schüler auf dem Schulweg etwas zugestoßen ist.

b) bei entschuldigtem Fehlen
Liegt immer eine Entschuldigung der Eltern vor, lesen Sie ab Punkt 3, wie weiterzuverfahren ist.

2. Ein Gespräch mit dem Schüler führen

Versuchen Sie, in einem Gespräch mit dem Kind bzw. Jugendlichen die Beweggründe für die Abwesenheit zu erfahren. Versuchen Sie, dem Schüler das Gefühl zu geben, dass Sie auf seiner Seite sind. Es können gesundheitliche Schwierigkeiten, Demotivation, Konflikte oder andere Belastungen die Ursache sein. Klären Sie möglichst ab, ob dem Schüler in dieser Angelegenheit bereits geholfen wird oder ob Sie etwas tun können, um seine Lage zu verbessern:

- Gesundheitliche Probleme (physisch oder psychisch): Ist der Schüler in Behandlung? Wenn nicht: Sprechen Sie dies den Eltern gegenüber an.
- Angst vor Versagen: Liegt es an den entstandenen Wissenslücken?
  Arbeiten Sie ggf. einen Förderplan für den Schüler aus, der an das anknüpft, was er kann.
- Nehmen Sie den Druck heraus. Individualisierter Unterricht kommt diesem Schüler entgegen.
- Demotivation: Liegt es an Unter- oder Überforderung?
  Wenn ja, hilft auch hier individuelle Förderung.
- Wenn es sich um eine pubertätsbedingte Krise handelt, ist es wichtig, den Schüler bei der Planung ins Boot zu holen. Knüpfen Sie möglichst an das an, was ihm Spaß macht. In diesem Fall kann auch der Schulpsychologe oder ein Therapeut helfen.
- Probleme zu Hause: Können Sie den Schüler unterstützen? Auch in diesem Fall kann die Arbeit mit einem Schulpsychologen oder Therapeuten hilfreich sein. Er kann individuell intervenieren und dem Schüler bei der Bewältigung der Krise helfen.

Konflikte mit Mitschülern: Ist Ihr Schüler vielleicht Opfer von (Cyber-)Mobbing? Sprechen Sie den Jugendlichen einfühlsam darauf an. Selbst wenn die Vermutung auf den 1. Blick nicht naheliegt, besteht diese Möglichkeit. Mobbing-Prävention ist ein wichtiges Thema. Wenn Sie davon ausgehen, dass es in Ihrer Klasse keinerlei Tendenzen dazu gibt, kann es durchaus sein, dass Sie nur noch nichts davon wissen. Wenden Sie sich ggf. an eine Beratungsstelle: http://mobbing-schluss-damit.de/erste-hilfe

3. Ein Gespräch mit den Eltern führen

In 1. Linie tragen die Erziehungsberechtigten die Verantwortung für den regelmäßigen Schulbesuch des Kindes. Versuchen Sie zu erreichen, dass die Eltern mit Ihnen an einem Strang ziehen. In diesem Gespräch gilt es zu klären, ob die Eltern überhaupt im Bilde sind. Tasten Sie sich einfühlsam an folgende wichtige Informationen heran:

- Wissen die Eltern von den Fehltagen des Kindes?
- Unterschreiben sie die Entschuldigungen?

Bestehen begründete Zweifel, dass gesundheitliche Gründe für das Fehlen des Schülers vorliegen, die Eltern aber dennoch Entschuldigungen unterschreiben, sollten Sie darüber nachdenken, ärztliche Bescheinigungen zu verlangen. Für diesen Fall gibt es meist ebenfalls Regelungen, die im Schulgesetz des Bundeslandes verankert sind:

- Wie reagieren sie auf das Thema? Sind sie vielleicht selbst überfordert?
- In diesem Fall kann ein sogenannter Erziehungsbeistand des Jugendamtes helfen.

Ist die Reaktion der Eltern wenig kooperativ? Nehmen sie eine Abwehrhaltung ein?

Als letztes Mittel wurde in Deutschland zu diesem Zweck die Verhängung von Bußgeldern eingeführt. Beachten Sie, dass der Schüler darüber hinaus eine individuelle Unterstützung benötigen wird, um Wissenslücken zu schließen und wieder in den Klassenverband integriert zu werden.

Eine Möglichkeit, Ihren Schüler für die Anwesenheit im Unterricht zu motivieren, ist, einen Kontingenzvertrag mit ihm abzuschließen.

Sie setzen mit Ihrem Schüler einen Vertrag auf, in dem das vereinbarte Ziel festgehalten wird.

Beispiel: eine Woche lang jeden Tag in allen Unterrichtsstunden anwesend sein.

Für Tage, an denen Ihr Schüler den Unterricht besucht, erhält er eine Form von Belohnung. Welche Art von positiver Verstärkung für den Schüler interessant ist, sollten Sie mit ihm und seinen Eltern klären. Ziehen diese mit Ihnen an einem Strang, können gemeinsame Lösungen gefunden werden.

Beispiel: ein Kinobesuch oder Shopping-Tag für einen Monat ohne Schwänzen

PRAXISTIPP: Kontingenzverträge helfen Ihrem Schüler, positives Verhalten aufzubauen und negatives zu unterlassen.

Fazit

Die Art der Intervention beim Schulschwänzen ist stark davon abhängig, welche Ursache hinter dem Verhalten des Schülers steckt. Die Verantwortung liegt bei den Eltern. Umso wichtiger ist es daher, mit diesen an einem Strang zu ziehen.

6 Praxistipps bei kritischem Sozialverhalten Ihres Schülers

Kinder mit Lernbehinderungen bringen in der Regel andere Lernvoraussetzungen mit in den Unterricht. Damit jeder Schüler seinen Fähigkeiten entsprechend lernen kann, müssen Sie als Lehrkraft nicht nur dafür sorgen, dass ein soziales und lernförderliches Klima herrscht.

Betrachten Sie kritisches Sozialverhalten Ihrer Schüler zunächst losgelöst von Leistungsfähigkeit und Lernniveau. Nicht jedes Kind mit Förderschwerpunkt „Lernen“ muss sich zwangsläufig in sozialen Aspekten auffällig verhalten. Meist ist es allerdings eine Teilgruppe dieser Schüler, die zusätzlich Schwierigkeiten mit sozial angemessenem Verhalten im Unterricht ausweist.

Tipp 1: Wählen Sie die richtige Sitzordnung

Passen Sie die Sitzordnung an die jeweilige Situation an. Nicht jede Unterrichtsphase und nicht jede Unterrichtsform erfordern oder ermöglichen dieselbe Sitzordnung. Die traditionelle Sitzordnung in Reihen bietet für Schüler mit Förderbedarf „Lernen“ am wenigsten Ablenkung.

Für die traditionelle Sitzordnung in Reihen gilt: Schüler mit auffälligem Sozialverhalten können bei Einzelarbeit vorübergehend an isolierten Einzeltischen sitzen. Sonderpädagogen sind nicht ausschließlich für Schüler mit sonderpädagogischem Förderbedarf zuständig, sondern nur ein Teil des Teachingteams. Daher müssen diese Einzeltische nicht zwangsläufig in der Nähe des Pultes der Förderlehrkraft stehen. Die Nähe der Einzeltische zu einer der Lehrpersonen ist allerdings ratsam.

Hin und wieder wird in der Fachliteratur vorgeschlagen, „schwierige“ Schüler ganz hinten im Klassenraum anzusiedeln, damit sie die anderen nicht ablenken. Grundsätzlich ist es das Ziel, gerade Schülern, die oftmals den Unterricht stören, zu helfen, dies nicht zu tun.

Schüler mit Lernschwierigkeiten brauchen Arbeitsplätze, an denen möglichst wenig Ablenkung herrscht.

Aus diesem Grund sollten sie möglichst wenig abgelenkt werden: Ein Sitzplatz weit vorn ist also meist besser für den Schüler.

Die Praxis zeigt außerdem, dass Schüler, die nach hinten „strafversetzt" werden, dann schnell zu Mitteln greifen, die auch aus dem Hintergrund für genug Aufsehen sorgen. Im Zweifelsfall werden die anderen Schüler trotzdem abgelenkt und drehen sich dann eben um.

Auch bei der Hufeisen-Sitzordnung können Sie zusätzliche Einzeltische an den Innenseiten der „Schenkel" des Hufeisens platzieren. Anders verhält es sich aber bei der Partner- oder Gruppenarbeit.

Tipp 2: Integrieren Sie lernbeeinträchtigte Schüler bei der Partner- und Gruppenarbeit

Inklusiver Unterricht bedeutet, dass Schüler mit und ohne Förderbedarf gemeinsam lernen. Bei Partner- und Gruppenarbeit ist es wichtig, zwischen hetero- und homogenen Teams abzuwechseln. Schüler mit Förderschwerpunkt „Lernen“ sollen sowohl ihren Beitrag in einer leistungsgemischten Gruppe leisten können als auch mit Kindern auf demselben Leistungsniveau kooperieren lernen. Schaffen Sie ausreichend Gelegenheiten für diese Kinder, beides zu erleben.

Achten Sie besonders darauf, Schülern mit Lernbeeinträchtigung auch in Partner- und Gruppenarbeit Aufgaben zuzuteilen, die sie selbst erfolgreich bewältigen können. Ansonsten neigen diese nicht selten schnell dazu, die Arbeit der anderen Kinder zu stören.

Tipp 3: Legen Sie Regeln fest

Ohne Regeln geht es nicht. Sie geben besonders Ihren Schülern mit Förderbedarf „Lernen“ Sicherheit. Aber nicht nur für die Schüler sind Regeln wichtig. Regeln bieten Ihnen berechenbare Handlungsmöglichkeiten bei unangemessenem Verhalten. Stellen Sie nicht zu viele Regeln auf. Besonders Schüler mit Lernbeeinträchtigung verlieren sonst schnell den Überblick. Besprechen Sie die einzelnen Regeln mit dem lernbeeinträchtigten Kind, um sicherzugehen, dass es alles verstanden hat. Denn nur so hat es eine Chance, diese einzuhalten.

Kritisches Sozialverhalten kann Ihren geplanten Unterricht von einer Minute auf die andere über den Haufen werfen.

Tipp 4: Dulden Sie keine Regelverstöße

Sich an vereinbarte Regeln zu halten ist ein Lernprozess. Schüler mit Lernbeeinträchtigung können daher auch mit dem Erlernen und Einschätzen von erwünschtem und unerwünschtem Verhalten Schwierigkeiten haben.

Seien Sie konsequent und fair:
Lassen Sie gleiche Verstöße nicht bei einem Schüler durchgehen und beim anderen nicht.

Ahnden Sie Verstöße jeden Tag gleich. Am Ende der Schulwoche fehlt Ihnen vielleicht manchmal die Energie, um konsequent zu sein. Dies merken Kinder in der Regel schnell und nutzen es gerne auch aus. Das ist wohl auch der Grund dafür, warum Schüler freitags besonders anstrengend sind.

Verwarnen Sie nur einmal:
Erinnern Sie Ihren Schüler **genau einmal** an die vereinbarte Regel. Lassen Sie sich nicht dazu hinreißen, immer wieder zur Ermahnung seinen Namen zu nennen:

Vermitteln Sie Ihren Schülern eine Null-Toleranz-Grenze gegenüber Gewalt.

„Paul!“ – „Paul, bitte.“ – „Paul, jetzt reicht es mir gleich!“ ... Dies verstärkt sein Verhalten nur. Ihr Schüler weiß, Sie werden mindestens noch 10- bis 20-mal Geduld aufbringen, bis Sie explodieren. Machen Sie sich berechenbar:

Stellen Sie den Schüler ausdrücklich vor die Wahl:
„Paul, du hast die Wahl: Entweder du hältst dich nun augenblicklich an die Vereinbarung, (z. B.) nicht zu schwätzen, oder du tust dies noch ein einziges Mal. Damit entscheidest du dich dann selbst für die Konsequenz. Noch ein Verstoß gegen die Regel, und du erhältst die rote Karte. Es ist deine Entscheidung.“

Nun müssen Sie sehr konsequent sein. Ihre Schüler werden testen, ob Sie ernst machen. Bleiben Sie hart, nur so werden Ihre Schüler langfristig aufhören, Ihren Unterricht zu stören.

Seien Sie konsequent:
Bricht Ihr Schüler erneut die Regel, erklären Sie ihm noch einmal ausdrücklich, dass er sich gerade selbst für die Konsequenz entschieden hat. Es liegt nicht „an der doofen Lehrerin“, sondern es war seine eigene Entscheidung, für die er verantwortlich ist.

Leiten Sie notwendige Schritte der Konsequenz (siehe Tipp 3) unverzüglich ein.

Tipp 5: Keine Konfliktlösung durch Gewalt

In Ihren Regeln für den Umgang miteinander sollte eine Null-Toleranz-Grenze gegenüber Gewalt vereinbart sein. Ihr Schüler muss wissen, dass ihn für Verstöße gegen diese Regeln Konsequenzen (wie z. B. der Ausschluss von beliebten Aktivitäten, Ausflügen usw.) erwarten. Ein Gespräch mit den Eltern ist in diesem Fall unerlässlich. Präventiv können Sie Folgendes tun:

- Integrieren Sie Rollenspiele zur gewaltfreien Konfliktlösung in den Unterricht.
- Führen Sie ein Streitschlichterprogramm ein.
- Bieten Sie an Ihrer Schule in Zusammenarbeit mit Sozialpädagogen ein Sozialtraining an.
- Nehmen Sie bei Schülern mit gewalttätigen Tendenzen die gewaltfreie Konfliktlösung in den Verstärkerplan auf: Tage ohne Gewalt werden durch Punkte belohnt. Nach Erreichen einer bestimmten Punktzahl wird Ihrem Schüler durch die Eltern ein Wunsch erfüllt. Achtung: Unbedingt mit den Eltern absprechen!
- Geben Sie den Eltern von Schülern, die zu gewalttätiger Konfliktlösung tendieren, auch zu positiven Entwicklungen regelmäßig Rückmeldung.

Tipp 6: Schaffen Sie ein soziales Klima

Um in einer inklusiven Klasse ein soziales Lernklima zu schaffen, brauchen Ihre Schüler ein „Wir“-Gefühl. Dies entsteht in der Regel dadurch, dass die Kinder ein gemeinsames Ziel verfolgen. Geben Sie Ihren Schülern einen Anlass, um an einem Strang zu ziehen. Im Folgenden ist ein konkretes Beispiel beschrieben, das Sie natürlich individuell an die Bedürfnisse Ihrer Klasse anpassen können.

Führen Sie zu Schuljahresbeginn eine Umfrage durch: „Wenn du dir wünschen dürftest, was für einen Ausflug wir vor den Sommerferien als Klasse machen – wofür würdest du dich entscheiden?“ Werten Sie die Umfrage aus, und wählen Sie (ggf. per Los) einige realisierbare Vorschläge aus. Erklären Sie den Schülern, dass es unter bestimmten Bedingungen möglich ist, dass Sie sich auf so einen besonderen Ausflug einlassen. Lassen Sie nun die Schüler abstimmen, welcher Ausflug es sein soll.

Erklären Sie die Bedingungen: Die Schüler müssen eine bestimmte Anzahl von Punkten (im Monat) sammeln.

Legen Sie fest, wofür es Punkte gibt: z. B.
- an allen 5 Wochentagen die Hausaufgaben vollständig dabei? 1 Punkt je Woche
- Eine ganze Woche lang ist die gesamte Klasse pünktlich erschienen? 5 Punkte

Achten Sie darauf, dass die Vergabe der Punkte für Gruppen- und Einzelleistungen geschieht. Verteilen Sie keine Punkte für inhaltliche (z. B. gute Noten), sondern für soziale Leistungen, wie definierte Ziele im Arbeits- und Sozialverhalten. Schüler mit Schwierigkeiten können durch individuelle Vereinbarungen zusätzlich motiviert werden.

Je jünger die Schüler, desto mehr Zwischenstufen sollten Sie einbauen. Grundschüler können sich kaum vorstellen, wie lang es bis zum Jahresende noch dauert, und verlieren schnell die Lust, wenn kein Erfolg sichtbar bzw. greifbar ist. Teilen Sie das Jahresziel ggf. in Monatsabschnitte, und visualisieren Sie den bereits gegangenen Weg zum Ziel, z. B.
- durch eine Wäscheleine mit Markierung der aktuellen Position.
- durch die Vergabe von Puzzlestücken: Das Ziel wächst symbolisch vor den Augen der Schüler und wird immer konkreter.

PRAXISTIPP: Vielen Unterrichtsstörungen und auch Fremdbeschäftigung liegt Demotivation zugrunde. Verstärkerpläne können auch bei älteren Schülern noch greifen: Wenn Sie mit den Jugendlichen gemeinsam Ziele vereinbaren und sie für das Erreichen belohnen (z. B. durch Punkte), steigt die Motivation meist von selbst.

Fazit

Nicht jeder Schüler mit Förderschwerpunkt „Lernen“ muss ein kritisches Sozialverhalten haben. Diese Tipps können Ihnen selbstverständlich auch bei Auffälligkeiten von Schülern ohne oder mit anderem Förderschwerpunkt helfen.

Förderschwerpunkt „Soziale und emotionale Entwicklung“

Schüler mit diesem Förderschwerpunkt haben oft Schwierigkeiten im Bereich der Selbststeuerung, des Kontaktverhaltens und der Teamfähigkeit. Auch das Arbeits- und Sozialverhalten des Kindes kann beeinträchtigt sein. Verhaltensauffälligkeiten werden in der Regel durch komplexe Wechselwirkungen aus persönlichen, erzieherischen, schulischen, familiären und gesellschaftlichen Faktoren verursacht.

An diesem Verhalten erkennen Sie den Förderschwerpunkt:

Nach außen gerichtete Merkmale des Verhaltens:
- Unkonzentriertheit
- Impulsivität
- Hyperaktivität
- Aggressivität gegen Personen und/oder Gegenstände

Schüler mit Förderschwerpunkt „Soziale und emotionale Entwicklung“ brauchen Hilfe beim Erlernen von angemessenem Arbeits- und Sozialverhalten.

Nach innen gerichtete Merkmale des Verhaltens:
- Ängste
- sozialer Rückzug
- mangelnde Kontaktfähigkeit
- Nägelkauen
- Selbstverletzung

Nicht alle dieser Auffälligkeiten deuten auf einen erhöhten Förderbedarf im sozialen und emotionalen Bereich hin. Zeigt ein Schüler dieses Verhalten allerdings häufiger, sollten Sie unbedingt ein Verfahren zur Feststellung des sonderpädagogischen Förderbedarfs ins Auge fassen.

Wie hoch ist der Anteil dieses Förderschwerpunktes?
11,5 % aller Kinder mit Förderbedarf haben den Förderschwerpunkt „Soziale und emotionale Entwicklung“.

Wie hoch ist die Inklusionsquote in etwa?
Die Inklusionsquote liegt bei ca. 35,9 % und gehört damit zu den höchsten.

Anders als bei vielen anderen Förderschwerpunkten können Sie einem Schüler sehr konkret helfen, z. B. was die Interaktion mit der Umwelt, die Selbststeuerung und Kommunikation betrifft, und mit ihm gemeinsam oft deutliche Fortschritte erzielen.

Wie der Förderschwerpunkt „Soziale und emotionale Entwicklung“ einzuschätzen ist

Verhaltensauffällige Schüler finden sich fast in jedem Klassenzimmer. Doch woran erkennt man Schüler mit erhöhtem Förderbedarf im sozialen und emotionalen Bereich? Woher stammt dieses Verhalten und was fordert der Umgang mit solchen Schülern Ihnen als Lehrkraft ab?

Verhaltensauffälligkeiten werden in der Regel durch komplexe Wechselwirkungen zwischen dem Individuum und seiner Umwelt verursacht. Das (fehlende) Erziehungsverhalten der Eltern und Lehrer kann unerwünschtes Verhalten in vielen Fällen zusätzlich verstärken. Entwicklungsstörungen, verschiedene Krankheitsbilder oder Behinderungen können außerdem das problematische Verhalten begünstigen.

Merkmale

Schüler mit diesem Förderschwerpunkt haben Schwierigkeiten im Bereich der Entwicklung des Erlebens und der Selbststeuerung. Dies kann sich auf vielfältige Art und Weise äußern. Sie dürfen allerdings nicht annehmen, dass diese Verhaltensweisen als manifestierte Charaktereigenschaften zu betrachten sind. Ganz im Gegenteil: Die meisten Merkmale können sich in beide Richtungen entwickeln und sowohl verstärkt auftreten als auch seltener gezeigt werden. Sie lassen sich in 2 Gruppen unterteilen:

Nach außen gerichtete Merkmale:
- Unkonzentriertheit
- Impulsivität
- Hyperaktivität
- Aggressivität gegen Personen und/oder Gegenstände

Nach innen gerichtete Merkmale:
- Ängste
- sozialer Rückzug
- mangelnde Kontaktfähigkeit
- Nägelkauen
- Selbstverletzung

Außerdem können verschiedene Krankheitsbilder im Zusammenhang mit dem Förderschwerpunkt „Soziale und emotionale Entwicklung“ auftreten, z. B.:
- Depressivität
- Grundzüge einer Borderline-Erkrankung
- Autismus/Asperger-Autismus
- Essstörungen

Die Herausforderungen für Sie als Lehrkraft

Schüler mit dem Förderschwerpunkt „Soziale und emotionale Entwicklung“ fordern ihre Lehrer auf eine bestimmte Art und Weise besonders heraus. Versuchen Sie, Ihre persönlichen Grenzen zu wahren und dennoch dem Schüler mit viel Einfühlungsvermögen zu begegnen. Vergessen Sie nicht, dass sein Verhalten nie als Angriff auf Ihre Person zu werten ist. Bieten Sie als Lehrkraft möglichst
- ein hohes Maß an Verständnis,
- besondere persönliche Zuwendung,
- pädagogisch-psychologische Unterstützung beim Erwerb von grundlegenden Verhaltensweisen,
- Hilfe bei der Verarbeitung von belastenden Lebenseindrücken.

Schüler mit Förderschwerpunkt „Soziale und emotionale Entwicklung“ zeigen unterschiedliche auffällige Verhaltensmerkmale. Dazu kann auch ein sozialer Rückzug gehören.

Die Ziele für die Beschulung

Die besonderen Bedürfnisse verhaltensauffälliger Schüler deuten bereits darauf hin, dass bei der Definition von Zielen für das Arbeits- und Sozialverhalten ein anderer Maßstab angelegt werden sollte. Im Zentrum stehen hier soziale Lernziele hinsichtlich

- Selbststeuerung,
- Orientierung im sozialen Umfeld,
- Entwicklung von Empathiefähigkeit,
- Anregung der Lernbereitschaft,
- Entfaltung von Leistungsbereitschaft.

So ermitteln Sie den Entwicklungsschwerpunkt Ihres Schülers mit sozialem und emotionalem Förderbedarf

Um ein Kind mit sozialem und emotionalem Förderbedarf entsprechend fördern zu können, müssen Sie als Lehrkraft wissen, wie genau sich beim Schüler der Förderbedarf äußert: Welche auffälligen Verhaltensweisen zeigt das Kind, und in welchen Situationen treten diese auf? Eine ausführliche Anamnese ist dafür äußerst hilfreich – einerseits, um angemessen zu reagieren, andererseits, um den Förderplan für den Schüler zu erstellen. Nutzen Sie dazu den folgenden Testbogen, und werten Sie das Ergebnis anschließend aus.

Test zur Anamnese im Förderbereich „Soziale und emotionale Entwicklung“

		ja	nein
1	Leidet der Schüler an Wutausbrüchen?		
2	Konnten Sie beobachten, dass der Schüler Mitschülern gegenüber aggressiv wird?		
3	Dominiert der Schüler Spielsituationen und andere Schüler?		
4	Wechselt die Stimmung des Kindes oft von einer Minute auf die andere?		
5	Kommt dieses Kind häufiger in Konflikt mit Regeln als andere?		
6	Ist sich das Kind manchmal nicht bewusst, wie unangemessen es sich verhält (z. B. während der Stillarbeit oder anderen Situationen, die Ruhe erfordern?)		
7	Wird der Schüler häufiger handgreiflich?		
8	Wendet der Schüler öfter übertrieben viel Kraft auf und tut anderen damit weh?		
9	Kann der Schüler sein eigenes Verhalten reflektieren?		
10	Wird der Schüler von mehreren Mitschülern als Spielkamerad öfter abgelehnt?		
11	Spielt der Schüler häufiger alleine oder bemüht sich erfolglos darum, mitspielen zu dürfen?		
12	Hat der Schüler Schwierigkeiten, seine Konflikte mit Worten zu lösen?		

Test zur Anamnese im Förderbereich „Soziale und emotionale Entwicklung"

		ja	nein
13	Kann das Kind nach einer Grenzüberschreitung verstehen, dass es unrecht war, dies zu tun?		
14	Kann sich der Schüler nach einem Vorfall vorstellen, wie sich das andere Kind gefühlt hat?		
15	Fällt es dem Kind schwer, Bedürfnisse anderer zu respektieren?		
16	Hat das Kind wenig außerschulische Kontakte zu Mitschülern?		
17	Kann der Schüler in einer Kleingruppe oder mit einem Partner weniger effektiv zusammenarbeiten als andere?		
18	Zeigt sich das Kind selten hilfsbereit?		
19	Hat der Schüler Schwierigkeiten, mit einer Aufgabe zu beginnen?		
20	Braucht das Kind lange, um sich zu orientieren?		
21	Fehlen häufig die benötigten Materialien auf dem Tisch?		
22	Fällt es ihm schwer, ausdauernd und zielstrebig an einer Aufgabe zu arbeiten?		
23	Zeigen Arbeitsblätter und Hefteinträge mangelnde Sorgfalt auf?		
24	Werden Aufgaben oft unvollständig gelöst?		
25	Fällt die Konzentration des Schülers schnell ab?		
26	Ist selbstständiges Arbeiten ohne 1:1-Betreuung selten möglich?		
27	Kommt es häufiger vor, dass der Schüler die Arbeitsanweisung nicht ohne Hilfe versteht?		

Auswertung:
Wenn Sie im 1. Bereich (Frage 1-9) die meisten Fragen zum Schüler mit „Ja" beantwortet haben, liegt der höchste Förderbedarf im Bereich der Selbststeuerung und Impulskontrolle.
Sind im 2. Bereich (Frage 10-18) die meisten Fragen bejaht worden, braucht das Kind in besonderem Maße Unterstützung im Bereich Kontakt- und Empathiefähigkeit.
Haben Sie im 3. Bereich (Frage 19-27) die meisten Fragen mit „Ja" beantwortet, ist der Förderbedarf des Schülers hauptsächlich im Bereich Arbeitshaltung und eigenverantwortliches Lernens anzusiedeln.

Suchen Sie nach weiterführenden Informationen

In Ergänzung zu dem Test ist es von Bedeutung, dass Sie das Kind möglichst in verschiedenen Situationen innerhalb und außerhalb des Unterrichts beobachten:

- Wie verläuft die Kontaktaufnahme?
- Wer dominiert?
- Wie begegnen die Spielpartner Meinungsverschiedenheiten?
- Gibt es bevorzugte Spielpartner?
- Gibt es Spielpartner, mit denen friedlich gespielt wird?
- Wie ist das Verhalten beispielsweise in der Betreuung oder in anderen außerschulischen Situationen?
- In welchen Situationen zeigt der Schüler unangemessenes Verhalten?
  - In welchen Phasen des Unterrichts?
  - In welchen Unterrichtsfächern?
  - Bei welchen Lehrkräften?
  - An welchen Wochentagen?
  - Bei besonderen Vorkommnissen, wie Ausflügen/Feueralarmprobe usw.?
- Welche Rückschlüsse lassen sich daraus ziehen?
- Wozu könnte das Verhalten des Kindes „gut" sein?
- Welche „Funktion" könnte es erfüllen?

Um sich ein umfassendes und realistisches Bild von Ihrem Schüler machen zu können, sollten Sie außerdem Einblick in seine Schülerakte nehmen: Welche Auffälligkeiten im Verhalten sind dort vermerkt? Wurden bereits Zusammenhänge zwischen diesen und anderen Faktoren (z. B. Vorfälle im Elternhaus o. Ä.) hergestellt? Folgende Gespräche sollten Sie außerdem führen, um weiterführende Informationen zu gewinnen.

Gespräche mit dem Kind – ohne, dass es einen Vorfall gab

Sprechen Sie mit dem Schüler über seine Stärken und Schwächen, aber auch über Sorgen und Hoffnungen. Eine geeignete Frage ist hier z. B.: „Mit welchen Kindern/Lehrern um dich herum fühlst du dich wohl?"

Thematisieren Sie aber auch sein auffälliges Verhalten. Wichtig ist hier, dass dies losgelöst von einem Vorfall stattfindet. Diese Fragen können Ihnen dabei helfen:

- „Kannst du mir sagen, wann das meistens passiert?"
- „Kannst du mir erklären, wie du dich davor/dabei/danach fühlst?"
- „Ich frage mich, was dir helfen könnte, die Situation anders zu meistern."
- „Wie wäre es, wenn du versuchst, dies oder jenes stattdessen zu tun?"

© Woodapple – Fotolia.com

Mit einem systematischen Test finden Sie heraus, in welchem spezifischen Bereich eine besondere Förderung notwendig ist. Suchen Sie zusätzlich auch das Gespräch mit dem Schüler, den Eltern und Ihren Kollegen.

Gespräche mit dem Kind – nach einem Vorfall

Lassen Sie den Schüler den Vorfall aus seiner Sicht schildern. Fragen Sie stets nach der Gefühlslage kurz vor, während und direkt nach dem ungewünschten Verhalten. Vermeiden Sie eine vorwurfsvolle Haltung, und versuchen Sie, den Schüler möglichst zu verstehen. Erarbeiten Sie alternative Handlungsmöglichkeiten, und reflektieren Sie gemeinsam den (verpassten) Einsatz dieser Alternativen in der aktuellen Situation. Ergründen Sie, weshalb der Schüler das alternative Verhalten nicht eingesetzt hat. Ermutigen Sie ihn, es erneut zu versuchen, und überlegen Sie zusammen, was dem Schüler helfen kann, sich seine Alternativstrategien ins Bewusstsein zu rufen.

Gespräche mit den Eltern – ohne, dass es einen Vorfall gab

Suchen Sie das Gespräch mit den Eltern bzw. Erziehungsberechtigten unbedingt unabhängig von den Situationen, in denen der Schüler unangemessenes Verhalten gezeigt hat. Sinnvoll für eine gute Kooperationsbasis sind regelmäßige Termine im Abstand von 4 bis 6 Wochen. Sprechen Sie mit den Eltern über die Stärken des Kindes, und vermeiden Sie eine Fokussierung auf das problematische Verhalten. Bieten Sie den Eltern ggf. Informationen über außerschulische Hilfsangebote (Ärzte, Therapiemöglichkeiten, Beratungsstellen).

Richten Sie Ihr Augenmerk je nach Entwicklungsschwerpunkt auf verschiedene Aspekte der individuellen Förderung. So vermeiden Sie unangemessenes Verhalten und reduzieren Konflikte und Störungen.

Folgende Fragen eignen sich z. B. für ein solches Elterngespräch:

- „Was kann Ihr Kind gut?“
- „In welcher Situation waren Sie stolz auf Ihr Kind?“
- „Was soll Ihr Kind bei uns lernen?“
- „Wie stellen Sie sich unsere Kommunikation vor?“
- „Wären Sie einverstanden, wenn wir gemeinsam an einem Strang ziehen würden, um Ihr Kind bestmöglich zu unterstützen?“
- „Wie würden Sie sich so eine Zusammenarbeit vorstellen?“

Gespräche mit Kollegen

Erörtern Sie mit Ihren Kollegen, wie diese das Verhalten des Schülers wahrnehmen: Konnten sie einen möglichen Auslöser beobachten? Fragen Sie Ihre Kollegen nach ihrer Einschätzung in Bezug auf mitverantwortliche Faktoren für das unangemessene Verhalten. Sprechen Sie über mögliche Fördermaßnahmen, aber auch über die Auswirkungen des momentanen Verhaltens auf das Kind selbst und seine Klassenkameraden.

Die wichtigsten Förderhinweise im Bereich „Soziale und emotionale Entwicklung“

Wie kann man als Lehrer Schüler mit besonderen Bedürfnissen im sozialen und emotionalen Bereich am besten unterstützen? Wie erreichen Sie, dass diese lernen, ihr Verhalten selbst zu steuern, Konsequenzen abzuschätzen und Verantwortung dafür zu übernehmen? Welche Voraussetzungen sind für Ihren Unterricht im Allgemeinen für diese Schüler wichtig, damit sie lernen können? Lesen Sie hier, wie Sie allgemeine Faktoren für die Förderung von Schülern mit sozialem und emotionalem Förderbedarf in Ihrem Unterricht umsetzen und welche Aspekte je nach Entwicklungsschwerpunkt dem Schüler besonders helfen.

Durch einfache Maßnahmen zur Gestaltung der Lernumgebung unterstützen Sie Ihre Schüler bereits erheblich. Ein Sitzplatz möglichst weit vorn oder auch am Einzeltisch am Rand (wenn das Kind dies möchte), Ohrschützer oder Sichtblenden als Konzentrationshilfe, selbstgewählte Auszeiten, ein Wutball, der bei Aggression geknetet werden darf – all dies kann in Absprache mit Eltern und Kind zum Einsatz kommen.

Je nach Entwicklungsschwerpunkt haben Sie außerdem die Möglichkeit, den Schüler darüber hinaus individuell zu fördern. Ein Schüler mit Schwierigkeiten in der Impuls-

Achten Sie bei Schülern mit dem Förderschwerpunkt „Soziale und emotionale Entwicklung“ darauf, dass diese sich nicht zu stark von ihren Klassenkameraden abwenden und als Außenseiter wahrgenommen werden.

kontrolle braucht Unterstützung dabei, sich selbst und seinen Körper besser zu spüren. Ein Schüler mit Problemen beim eigenverantwortlichen Lernen kann mit einfachen Schritt-für-Schritt-Anleitungen lernen, ohne Hilfe von anderen Arbeitsaufträge auszuführen. Die folgende Übersicht stellt die wichtigsten Hinweise zur Förderung in 3 Entwicklungsschwerpunkten zusammen.

Übersicht: Förderhinweise zu verschiedenen Entwicklungsschwerpunkten

Entwicklungsschwerpunkt: Selbststeuerung und Impulskontrolle

Beispiel:
Jana spricht während der Stillarbeit laut, steht auf und läuft herum. Im Vorbeilaufen stößt das Mädchen gegen den Wasserbehälter in der Kunstecke, der sich über das Bild eines Jungen ergießt und dessen Arbeit der vergangenen 2 Stunden zunichtemacht.

Förderhinweise:
- Führen Sie Übungen zur Körperwahrnehmung durch.
- Verlieren Sie dem Kind gegenüber möglichst nie die Nerven, sondern geben Sie ein gutes Vorbild in puncto Selbstbeherrschung und Höflichkeit ab.
- Loben Sie das Kind, wann immer Sie positives Verhalten bei ihm beobachten.
- Formulieren Sie gemeinsam mit dem Schüler individuelle Ziele, z. B.
  – am Platz bleiben, wenn ein bestimmtes Schild an der Tafel zu sehen ist
  – „Lautstärke-Barometer“ am Platz, das Sie für den Schüler einstellen – er bemüht sich, genau diese Lautstärke zu treffen
- Reflektieren Sie gemeinsam und halten Sie die Ergebnisse auf einem Schaubild fest (z. B. mithilfe von lachenden oder weinenden Smileys).
- Loben Sie eine realistische Selbsteinschätzung des Schülers, nicht aber negative Verhaltensweisen.
- Reflektieren Sie einmal pro Unterrichtsstunde/-tag/-woche – je nach Alter und Entwicklungsstand.
- Vereinbaren Sie „geheime“ Zeichen, die dem Schüler helfen können, in einer eskalierenden Situation eine alternative Verhaltensweise zu wählen.

Entwicklungsschwerpunkt: Kontakt- und Empathiefähigkeit

Beispiel:
Hannes stört die Gruppenarbeit, indem er mehrfach Mitschülern die Gegenstände entreißt, mit denen diese gerade am Plakat arbeiten. Einmal versucht er, sich einzubringen. Als Hannes seinen Willen nicht durchsetzen kann, zerstört er das Plakat.

Übersicht: Förderhinweise zu verschiedenen Entwicklungsschwerpunkten

Förderhinweise:
- Trainieren Sie mit dem Kind das Sich-Hineinversetzen in andere anhand von Rollenspielen und Geschichten.
- Üben Sie das Benennen von eigenen Gefühlen und den Umgang mit diesen, aber auch von Emotionen anderer. Geben Sie dem Kind adäquate Reaktionsmöglichkeiten vor, die es einüben kann.
- Überlegen Sie mit dem Kind, was einen guten Freund ausmacht und wie dieser sich (nicht) verhalten sollte.
- Nehmen Sie sich Zeit für soziale Lernziele. Lesen Sie Geschichten mit vorbildlichen Figuren, und reflektieren Sie gemeinsam.
- Integrieren Sie einen Klassenrat und ein Streitschlichterprogramm.

Arbeitshaltung und eigenverantwortliches Lernen

Beispiel:
Jana spielt mit ihren Arbeitsutensilien, statt mit den Aufgaben zu beginnen. Sie hat nicht gehört, was zu tun ist. Selbstständig erarbeiten kann sie sich die Arbeitsanweisung ebenfalls nicht.

Förderhinweise:
- Symbolisieren Sie für das Kind, welche Arbeitsmittel es für die jeweilige Aufgabe benötigt.
- Legen Sie fest: Alles, was aktuell nicht gebraucht wird, hat keinen Platz auf dem Tisch.
- Trainieren Sie Schritt-für-Schritt-Anleitungen zum selbstständigen Arbeiten, z. B.:
  1. Ich lese die Aufgabenstellung.
  2. Ich überlege, was zu tun ist.
  3. Ich nehme nötige Arbeitsmittel zur Hand.
  4. Ich bleibe am Ball, bis die Aufgabe gelöst ist.
  5. Ich schaue nach möglichen Fehlern.
  6. Nun gehe ich zur zweiten Aufgabe über.
- Visualisieren Sie die Schritte, und installieren Sie eine Übersicht am Arbeitsplatz des Schülers.
- Halten Sie sich in der Nähe des Schülers auf, und loben Sie ihn, wenn er sich am Plan orientiert.
- Bieten Sie viel Rhythmisierung im Unterricht mit kurzen, abwechslungsreichen Arbeitsphasen.

Interventionsstrategien im Förderschwerpunkt „Soziale und emotionale Entwicklung"

Zusätzlich zu den Förderhinweisen und Strategien aus der Übersicht lassen sich verschiedene pädagogisch-psychologische Maßnahmen ergreifen, die den Schüler dabei unterstützen, ein sozial angemessenes Verhalten zu erlernen:

1. behavioristisch-lerntheoretische Methode:
- Ignorieren des unerwünschten Verhaltens
- Arbeit mit Verstärkerplänen/Tokensystem

PRAXISTIPP: Partizipation an allen Veranstaltungen (auch außerschulisch) trotz eventuell auftretender Schwierigkeiten ist wichtig für Schüler mit sozialem und emotionalem Förderbedarf. Zeigen Sie ihnen als Lehrkraft, dass Sie an sie glauben, denn dann werden sie stärker die Möglichkeit haben, über sich hinauszuwachsen, als wenn Sie es ihnen nicht zutrauen.

2. ethisch-humanitäre Deeskalationsangebote:
- direktes Aufzeigen von „unfairen" Situationen: Mobbing, Gewalt, Belästigung
- Trainieren von alternativen Verhaltensweisen (Wutball, Leseecke aufsuchen, persönliche Auszeit nehmen, Hilfe suchen)

3. paradoxe Interventionsstrategien:
- Reframing: Dem Verhalten wird ein seltsamer Nutzen oder ein anderes Ziel unterstellt.
- Dieser andere Rahmen wirft auch ein anderes Licht auf das oft als „böse" abgetane Verhalten.
- Es verlagert die Beweggründe für das (unter diesen Umständen) durchaus nachvollziehbare Verhalten und verwirft den „Schuld"-Charakter.
- Erarbeiten Sie gemeinsam, was sich verändern muss, damit dieses Verhalten nicht mehr nötig ist bzw. anders auftritt, sodass es niemandem schadet.

Beispiel: Max wird schnell wütend und verletzt Mitschüler, wenn diese ihm zu nahe kommen. Sein Verhalten macht Sinn, denn die Wut muss raus, sonst „platzt" Max. Wut wird nicht negativ belegt, denn jede Emotion hat ihre Berechtigung. Was allerdings nicht in Ordnung ist, ist der Weg, den sich die Wut sucht. Es ist nicht der „böse Junge", sondern die „Explosion". Max versteht, dass weder er selbst noch sein Gefühl – die Wut – schlecht sind.

Gemeinsam mit ihm wird versucht, einen Weg für die Wut zu finden, die niemanden verletzt. Der Junge lernt, seinen Wutball in einer akuten Situation fest zu kneten, gegen die Wand zu werfen oder auf ihn zu springen. Der Wut wird Raum gegeben, doch niemand wird dabei verletzt.

© klickerminth – Fotolia.com

Fazit

Besonders wichtig sind regelmäßige Teamgespräche zur Abstimmung der Fördermaßnahmen. In Bezug auf Deeskalationsangebote, Sanktionierung, Sonderregelungen und positive Verstärkung sollte Konsens herrschen. Nur wenn alle im Team konsequent an einem Strang ziehen und die Vereinbarungen einhalten, kann das Kind langfristig seine Verhaltensweisen ändern.

Sozial angemessenes Verhalten fällt manchen Kindern deshalb schwer, weil sie keinen anderen Weg finden, ihre Emotionen herauszulassen. Unterstützen Sie hier bei der Suche nach alternativen Wegen, ein Ventil für Gefühle wie Wut oder Ärger zu finden.

Mit einem Selbstreflexionsbogen die Schulwoche reflektieren

Besonders Kindern mit sozialem und emotionalem Förderbedarf hilft ein Selbstreflexionsbogen, das eigene Verhalten wahrzunehmen und einzuordnen. Der Bogen dient als Wochenrückblick für den einzelnen Schüler.

Räumen Sie den Kindern gegen Ende der Woche Zeit ein, über die zurückliegenden Tage nachzudenken. Entscheidend ist, den Schülern zu erklären, dass die ehrliche und realistische Einschätzung wichtiger ist als eine Reihe lachender Smileys. Nehmen Sie sich möglichst persönlich Zeit für Schüler, die Schwierigkeiten mit angemessenem Verhalten haben. Reflektieren Sie zunächst gemeinsam. Erinnern Sie den Schüler an bestimmte Situationen im Wochenrückblick: sowohl an positive als auch an negative.

Selbstreflexionsbogen für Schüler mit sozialem und emotionalem Förderbedarf

Name: ______________ Klasse: _______________ Woche vom _____ bis _____

So habe ich mich im Unterricht verhalten:	Das war:		
Ich habe mich diese Woche oft gemeldet.	☺	😐	☹
Ich habe meine Hefteinträge schön gestaltet: Datum, Rand, Überschrift unterstrichen.	☺	😐	☹
Ich habe es geschafft, mit der Arbeit direkt anzufangen.	☺	😐	☹
Ich habe angefangene Aufgaben/meinen Wochenplan zu Ende gebracht.	☺	😐	☹
Ich habe mit meinem Partner gut zusammengearbeitet.	☺	😐	☹
Ich habe mich an der Gruppenarbeit beteiligt.	☺	😐	☹
Mit dieser Klassenregel hatte ich diese Woche Probleme: ❑ mit keiner ❑ ____.	☺	😐	☹
In dieser Woche habe ich _________ mal alle Hausaufgaben vollständig vorgezeigt.	☺	😐	☹
So habe ich mich in der Pause verhalten:	**Das war:**		
Ich hatte diese Woche Streit mit ❑ niemandem ❑ ___________________________________.	☺	😐	☹
Ich habe einem Mitschüler ein „Wortgeschenk“ gemacht (= etwas Nettes gesagt).	☺	😐	☹
Ich habe niemanden geärgert.	☺	😐	☹
Ich habe niemandem wehgetan.	☺	😐	☹
Ich habe niemanden ausgeschlossen.	☺	😐	☹
Besonders gut verstanden habe ich mich mit: ______________________________ ______________________________			

Selbstreflexionsbogen für Schüler mit sozialem und emotionalem Förderbedarf			
Name: ____________ Klasse: ______________ Woche vom _____ bis _____			
Das habe ich für meine Klasse getan:	**Das war:**		
Ich hatte diese Woche das Amt: ________________________	☺	😐	☹
Unser Motto lautet diese Woche: (z. B. „Wir helfen einander") __________________________________ __________________________________ ______________	☺	😐	☹
Das nehme ich mir für die nächste Woche vor: __________________________________ __________________________________ Unterschrift: ________________ Fingerabdruck:			

Das Konfliktprotokoll zur Förderung der Empathiefähigkeit einsetzen

Dieses Formular dient der Reflexion von Konfliktsituationen. Sie können es z. B. einsetzen, wenn ein Schüler mit sozialem und emotionalem Förderbedarf mit einem Mitschüler in Streit geraten ist und es den Kindern nicht möglich war, diesen gewaltfrei zu klären. Das Konfliktprotokoll kann in Ergänzung zu einem Streitschlichterprogramm eingesetzt werden.

In den einzelnen Abschnitten werden die Ursache des Streits und das (unangemessene) Verhalten beider Parteien ergründet. Darüber hinaus wird die Empathiefähigkeit der Schüler gefördert, indem nach den Gefühlen der eigenen Person und des Gegenübers gefragt wird. Das Protokoll endet mit der Frage nach einer alternativen Konfliktlösung und hilft den Schülern dadurch, aus ihren Fehlern zu lernen. Beachten Sie, dass

Schüler in diesem Aspekt häufig Ihre Unterstützung brauchen.

Muster: Konfliktprotokoll

Name: ____

Datum: ____________________ Klasse: ________________

1.	Ich habe mich mit _________________ gestritten.		
2.	Der Grund war: Ich wollte: _________________ ___________________________________ Der andere wollte: ______________________________________		
		ja	**nein**
3.	Ich habe jemandem wehgetan: ❑ mit Worten ❑ anders: ______________________________________	❑	❑
4.	Mir wurde wehgetan: ❑ mit Worten ❑ anders: ______________________________________	❑	❑
5.	Ich habe jemanden beleidigt:	❑	❑
6.	Ich wurde beleidigt:	❑	❑

Muster: Konfliktprotokoll	
7.	So habe ich mich beim Streit gefühlt:
8.	So, denke ich, hat sich der andere gefühlt:
9.	So können wir den Streit beenden:
10.	Das nächste Mal können wie den Streit so vermeiden:
Unterschrift:	

8 Kriterien für ein erfolgreiches Classroom-Management

Mit diesen pro- und reaktiven Kriterien gestalten Sie Ihren Unterricht und Ihr Klassenzimmer so, dass Unterrichtsstörungen vorgebeugt wird. Helfen Sie vornehmlich Schülern mit sozialem und emotionalem Förderbedarf, damit sie sich besonders gut auf das Lernen fokussieren können.

Es sind einige wenige Aspekte, die sich leicht planen und umsetzen lassen, doch sie können über das Schuljahr hinweg entscheidend dafür sein, welcher Wind in Ihrem Klassenzimmer weht. Die folgenden 8 Kriterien helfen Ihnen, jeden einzelnen Schritt im Hinterkopf zu behalten und die Weichen für erfolgreiches störungsarmes Lehren und Lernen zu stellen.

1. Kriterium: Das Klassenzimmer

Der Klassenraum ist der Arbeitsplatz für Sie und Ihre Schüler. Hier schaffen Sie die räumliche Struktur für ein erfolgreiches Arbeiten. Sorgen Sie dafür, dass das Klassenzimmer übersichtlich eingerichtet ist und alles seinen festen Platz hat.

Eindeutige Funktionsbereiche, die auch als solche zu erkennen sind, helfen nicht nur den Schülern, den Überblick zu behalten. Die Ordnung im Klassenzimmer ist immer auch ein Indikator für die Arbeitsweise des Lehrers. Vergessen Sie nicht Ihren Vorbildcharakter.

2. Kriterium: Regeln und Konsequenzen

Regeln sollten mit den Schülern erarbeitet werden. Dennoch lohnt es sich, im Vorfeld über notwendige Absprachen nachzudenken, Unterrichtsabläufe festzulegen und sich bereits über das Prozedere von Sanktionen bei Regelverstößen Gedanken zu machen. Diese können Sie mit Ihren Schülern diskutieren, doch sollten Sie dabei nicht Ihre gewünschte Grundlinie verlassen.

Um erwünschte Verhaltensweisen aufzubauen, brauchen besonders Schüler mit sozialem und emotionalem Förderbedarf positive Verstärkung. Arbeiten Sie mit Verstärkerplänen, aber auch mit klaren Sanktionen für Regelübertretungen. Überlegen Sie sich in der Vorbereitung, wo und durch wen möglicherweise Unterrichtsstörungen auftreten könnten. Versuchen Sie, Maßnahmen dagegen zu finden, die möglichst wenig Aufsehen erregen und den Unterrichtsfluss aufrechterhalten.

3. Kriterium: Präsenz zeigen

Wenn Sie die Aufsichtspflicht über Ihre Schüler haben, sollten Sie dies den Schülern aktiv vermitteln. Das Spüren der Präsenz der Lehrkraft verringert die Anzahl der Regelverletzungen. Ganz besonders in offenen Lernsituationen sollten Sie sich nicht hinter Ihrem Schreibtisch mit Bergen aus Heften verkriechen. Nicht nur Schüler mit sozialem und emotionalem Förderbedarf haben ein Gespür dafür, ob sie sich der ungeteilten Aufmerksamkeit des Lehrers gewiss sein können. Oftmals reicht im Umgang mit Unterrichtsstörungen nur ein einziger entscheidender Blick, und Ihre Schüler lenken bereits ein. Dazu müssen Sie allerdings situativ das Schülerverhalten beobachten und dürfen nicht abgelenkt sein.

4. Kriterium: Adäquate Unterrichtsvorbereitung und -führung

Schüler merken sofort, ob Sie auf Ihren Unterricht gut vorbereitet sind oder ob Sie schnell etwas aus dem Ärmel schütteln. Die sogenannte Türschwellen-Pädagogik ist einer der Hauptgründe für Unterrichtsstörungen. Schüler, die über- oder unterfordert sind, langweilen sich, spüren „Leerlauf“ zwischen den einzelnen Aktivitäten, da Sie beispielsweise erst nach einer weiteren geeigneten Übung suchen müssen oder noch nicht wissen, was Ihre Schüler als Nächstes tun sollen. Solche Situationen sind quasi selbstverantwortete Unterrichtsstörungen. Lassen Sie deshalb für Ihre Schüler einen roten Faden erkennbar werden. Schaffen Sie Situationen zum Nachdenken und zum Kreativ- und Aktivsein. Achten Sie auf die individuelle Passgenauigkeit von Aufgabenniveau und Schülerkompetenz. Dieses Vorgehen reduziert die Anzahl der Störungen maßgeblich.

5. Kriterium: Soziales Lernklima

Wie erfolgreich Ihre Schüler lernen, steht in unmittelbarem Zusammenhang mit dem sozialen Lernklima in Ihrem Klassenzimmer. Verschiedene Projekte zur Entfaltung von Empathiefähigkeit und zum Aufbau von sozialen Sicht- und Handlungsweisen sind dafür entscheidend. Sozialerziehung sollte einen Bestandteil Ihres Unterrichts ausmachen und durch Veranstaltungen wie Klassenfahrten oder Workshops abgerundet werden.

6. Kriterium: Transparenz und Struktur

Bereits bei der Planung des Unterrichts ist die Struktur besonders wichtig. Doch auch bei der Realisierung jeder einzelnen Unterrichtsstunde brauchen Ihre Schüler einen Überblick, was als Nächstes ansteht und was von ihnen erwartet wird. Dafür ist zum einen die Transparenz bedeutend, zum anderen spielt auch die Partizipation der Schüler eine enorme Rolle. Ihre Schüler dürfen nicht als Konsumenten eine passive Rolle

Schaffen Sie eine gute Lernatmosphäre für alle Ihre Schüler mit unseren schnellen Tipps und Tricks.

im Unterrichtsgeschehen einnehmen, sondern sollten stets aktiv daran beteiligt sein. Dafür müssen sie wissen, was von ihnen erwartet wird und was sie zu erwarten haben. Geben Sie den Schülern Einblick in den Ablauf des Unterrichts, und bahnen Sie eigenverantwortliches Lernen an.

7. Kriterium: Partizipation der Schüler

Wenn Schüler das Gefühl haben, nicht nur die Zeit im Klassenzimmer abzusitzen, sondern aktiv mitzugestalten, entwickeln sie eine positive Haltung dem Unterricht gegenüber. Wenn Ihre Schüler annehmen, ein Teil des Ganzen zu sein, ernst genommen und wertgeschätzt zu werden, leisten sie nicht nur mehr, sondern stören auch weniger den Unterricht. Schüler mit Förderschwerpunkt „Soziale und emotionale Entwicklung" müssen lernen, die Verantwortung für ihren Lernprozess in gewissem Maße selbst zu tragen. Nur dann werden sie verstehen, dass unangemessene Verhaltensweisen im Unterricht in 1. Linie ihnen selbst schaden.

8. Kriterium: Der Notfallkoffer (reaktiv)

Da es immer zu ungeplanten Reaktionen von Schülern kommen kann, die auch eine gute Vorbereitung und Planung ins Wanken bringen, sollten Sie einen sogenannten Notfallkoffer für diese Situationen bereithalten. Unterscheiden Sie, ob Sie auf die Störung nonverbal oder verbal reagieren wollen. Reicht ein scharfer Blick, ein Kopfschütteln oder eine andere Geste aus, um das Verhalten zu unterbinden? Haben Sie dadurch die Möglichkeit zu vermeiden, dass noch fokussierte Schüler auf die Störung überhaupt aufmerksam werden? Oder müssen Sie zu einer konsequenten und zeitnahen Intervention greifen? Beispiele hierfür finden Sie in der Checkliste auf der folgenden Seite.

Checkliste: Classroom-Management

Kriterium	Prüfpunkt	o.k.
1. Klassenzimmer	- vermeidet Reizüberflutung.	❑
	- ist in Funktionsbereiche unterteilt.	❑
	- bietet Orientierung und Sicherheit.	❑
	- ist ein Ort zum Lernen und Wohlfühlen.	❑
	- weist Raum auf für verschiedene Sozialformen.	❑
2. Regeln und Konsequenzen	Die Regeln wurden gemeinsam beschlossen und sind jedem klar.	❑
	Sie hängen im Klassenzimmer aus.	❑
	Die Erwartungen an die Schüler sind je nach Situation klar. Beispiele: • zu Beginn jeder Stunde entsprechendes Material auf dem Tisch • Wer darf wann aufstehen/zum Pult kommen? • Wann darf gegessen/getrunken werden? • Wie gehen wir in die Pause?	❑
	Positive Verstärkung findet mithilfe von Tokensystemen/Verstärkerplänen statt.	❑
	Nonverbale und verbale Reaktionen auf verschiedene Störungen sind durchdacht.	❑
	Konsequenzen für Regelüberschreitungen stehen fest und sind dem ganzen Teachingteam bekannt.	❑
3. Präsenz zeigen	Ihre ungeteilte Aufmerksamkeit ist auf das Unterrichtsgeschehen gerichtet.	❑
	Ihre Körpersprache signalisiert Anwesenheit und Überblick über das Geschehen im Klassenzimmer.	❑
	In offenen Unterrichtsphasen unterstützen Sie als Helfer.	❑
	Sie führen eine systematische Schülerbeobachtung durch.	❑
	Sie ziehen daraus Konsequenzen für die Förderung jedes einzelnen Schülers.	❑

Checkliste: Classroom-Management

Kriterium	Prüfpunkt	o.k.
4. Adäquate Unterrichtsvorbereitung und -führung	Es findet strukturierter Unterricht mit Rhythmisierung und schüleraktivierenden Phasen statt.	❑
	Im Unterrichtsgespräch wird flexibel und aufrichtig auf Schülerbeiträge eingegangen.	❑
	Den Schülern wird für Beiträge, Bemühungen und Leistungen ehrliche Wertschätzung entgegengebracht.	❑
5. Soziales Lernklima	Sozialkompetenz wird gefördert und vermittelt.	❑
	Verschiedene Veranstaltungen und Projekte fördern das Zusammengehörigkeitsgefühl.	❑
	Sie gehen als gutes Vorbild in sozialen Verhaltensweisen voran.	❑
6. Transparenz und Struktur	Ihre Schüler können einen roten Faden im Unterrichtsverlauf erkennen.	❑
	Sie können sich auf Strukturen und Rituale verlassen.	❑
	Die Schüler stecken sich eigene Ziele.	❑
	Die Schüler reflektieren über eigenes Arbeitsverhalten und Lernerfolg.	❑
7. Partizipation der Schüler	Schüler lernen schrittweise, die Verantwortung für ihre Lernprozesse selbst zu tragen.	❑
	Schüler übernehmen Ämter und Verantwortung im Streitschlichterprogramm.	❑
	Schüler lernen, ihr Arbeits- und Sozialverhalten sowie ihre Lernprozesse zu reflektieren, und stecken sich Ziele.	❑
	Ihre Schülerbeobachtung untermauert dies.	❑
8. Der Notfallkoffer (reaktiv)	Sie verfügen über ein Repertoire an Interventionen zur Sanktionierung von Unterrichtsstörungen. Beispiele: • Umsetzen eines Schülers • Abzug im Tokensystem • 4-Augen-Gespräch in/nach dem Unterricht • Timeout-Prinzip	❑

Tolerieren Sie Unterrichtsstörungen unter keinen Umständen

Ihr Schüler mit Förderbedarf „Soziale und emotionale Entwicklung" ist möglicherweise eines der Kinder, die Ihren Unterricht immer wieder stören. Warum Sie dies unter keinen Umständen tolerieren sollten, lesen Sie in diesem Artikel.

Unterrichtsstörungen haben die verschiedensten negativen Effekte: auf Ihren Schüler, auf Sie und auf die ganze Klasse. Betrachten Sie die verschiedenen Formen von Störungen und wie sich diese auswirken können.

Wie Sie eine Unterrichtsstörung definieren können

Unterrichtsstörungen gelten grundsätzlich als „Normabweichungen". Meist verletzen sie soziale Umgangsformen wie z. B. die Klassenregeln. Was genau als störend empfunden wird, hängt in gewissem Maß von Ihnen persönlich ab. Gehören Sie zu den Lehrkräften, die eine besonders ruhige Arbeitsatmosphäre schätzen? Dann ist Ihre Toleranz, was Unterrichtsstörungen angeht, vielleicht nicht so hoch wie bei anderen. Wichtig ist: Sie als Lehrkraft definieren, was Sie als störend empfinden und wo Ihre Toleranzgrenze liegt.

Berücksichtigen Sie auch die Sozialform

Sollen Ihre Schüler eine Aufgabe in Stillarbeit erledigen? Dann ist eine Absprache mit dem Nachbarn nicht angemessen und wird von Ihnen sicherlich als Unterrichtsstörung empfunden. Während einer Gruppenarbeit ist eine Diskussion unter Ihren Schülern

Tolerieren Sie keine Unterrichtsstörungen in Ihrem Klassenzimmer.

Unterrichtsstörungen im Überblick	
Art der Unterrichtsstörung	**Beispiele**
verbale Störungen	schwätzen, vorlautes Verhalten, Beleidigungen, Zwischenrufe
motorische Unruhe	zappeln, herumlaufen, kippeln, „spielen“ mit Arbeitsutensilien
innere Unruhe	ängstliche, depressive, zwanghafte Störungen Störungen des Gefühlslebens Trauma
mangelnder Lerneifer	Aufmerksamkeits- und Konzentrationsdefizite, Desinteresse, Fremdbeschäftigung
aggressives Verhalten	Wutausbrüche, schädigendes Verhalten gegenüber Personen oder Gegenständen

wiederum nötig. Allerdings wünschen Sie sicherlich auch nur eine solche, die mit der Aufgabe in Zusammenhang steht.

Wenn Sie einen Arbeitsauftrag erteilen, sollten parallel keine Unterhaltungen stattfinden. Je nach Unterrichtsphase erwarten Sie als Lehrkraft intuitiv unterschiedliches Verhalten von den Schülern. Besonders für Ihre Schüler mit Förderbedarf „Soziale und emotionale Entwicklung“ kann dies zur Herausforderung werden. Denken Sie daran, Ihre Erwartungen bezüglich der Lautstärke immer wieder deutlich zu machen und als Routine mit den Schülern einzuüben.

Beispiel:
- Stillarbeit: keiner spricht
- Partnerarbeit: Flüsterton nur vom Nachbarn hörbar (z. B. „15-cm-Flüstersprache“)
- Gruppenarbeit: Flüsterton nur am Gruppentisch hörbar (z. B. „30-cm-Flüstersprache“)

Nehmen Sie auch verdeckte Störungen wahr

Während einer Ihrer Schüler durch lautes, regelwidriges Verhalten auffällt, kann ein anderer in sich gekehrt, unkonzentriert und abwesend sein. Obwohl beides die effektive Lernzeit verringert, wird ein extrovertiertes Störungsverhalten oft als störender wahrgenommen als ein introvertiertes. Beides allerdings hat für Ihren Schüler den gleichen negativen Effekt. Entnehmen Sie der Übersicht, auf welche Formen von Unterrichtsstörungen Sie achten sollten.

Warum Sie Unterrichtsstörungen nicht tolerieren sollten

Unterrichtsstörungen gibt es schon, seit es Unterricht gibt. Nüchtern betrachtet gibt es keinen Unterricht ohne Störungen. Dennoch: Sie sind hinderlich für den Lernerfolg sowie schädlich für das Klima im Klassenzimmer. Als Lehrkraft sollten Sie dies nicht tolerieren. Je mehr Sie durchgehen lassen, desto häufiger und massiver werden Ihre Schüler stören. Dies bleibt nicht ohne Folgen.

Diese negativen Auswirkungen sollten Sie kennen

Sie als Lehrkraft wissen, dass Unterrichtsstörungen eine Reihe ungünstiger Auswirkungen haben und dass es sich lohnt, sich diesen nicht geschlagen zu geben. Störungen reduzieren nicht nur die effektive Lernzeit des störenden Schülers, sondern auch die seiner Mitschüler. Außerdem ist die erhöhte Belastung für Sie persönlich nicht zu unterschätzen.

So leidet Ihr Schüler selbst unter den Störungen

Das störende Verhalten Ihres Schülers wirkt sich negativ auf folgende Bereiche aus:

- Motivation
- Aufmerksamkeit
- Ausdauer
- Lerntempo
- Lernzuwachs

All dies spiegelt sich natürlich in seinen Leistungen wider. Die Wechselwirkungen zwischen Verhaltens- und Lernstörungen sind erheblich. Stört Ihr Schüler dauerhaft den Unterricht, wirkt sich dies mit großer Wahrscheinlichkeit auf seine Lernentwicklung aus. Wenige Ausnahmen bilden da hochbegabte Schüler mit Förderbedarf im sozialen und emotionalen Bereich. Sie können oft den reduzierten Lernzuwachs kognitiv ausgleichen.

Diese Rolle spielt Ihr Schüler in der Klasse

Wer öfter den Unterricht stört, erhält schnell das Etikett „Störenfried" – von Mitschülern und Lehrern. Für Ihren Schüler ist es fatal, wenn es erst so weit kommt. Er kann so schnell nicht mehr aus seiner Haut.

Wenn Sie als Lehrkraft ebenso wie seine Mitschüler unterbewusst von Ihrem Schüler erwarten, dass er wieder den Unterricht stören wird, kann es zur „self-fulfilling prophecy" (sich selbst erfüllende Prophezeiung) kommen. Ihr Schüler verhält sich den Erwartungen entsprechend negativ. Es ist nicht leicht für ihn, einfach ein positiveres Verhalten an den Tag zu legen.

Wie die Klasse unter der Situation leidet

Wird Ihre Klasse immer wieder von einem Schüler abgelenkt, hat dies Folgen. Besonders Schüler mit einem hohen Bedürfnis an Ruhe oder Kinder, die Schwierigkeiten haben, viele Reize zu verarbeiten (z. B. durch AD(H)S oder Hochsensibilität), leiden enorm unter den Störungen. Meist können sie aufgrund der Störungen nicht die Leistung abrufen, die sie in einer ungestörten Atmosphäre zeigen könnten.

Welche Folgen Störungen für Sie haben können

Störungen unterbrechen in der Regel Ihren Unterrichtsfluss und zwingen Sie zum Handeln. In der Summe wirkt sich dies auch belastend für Sie als Lehrkraft aus: Es kostet Sie eine Menge Energie, auf die Störung zu reagieren und danach den Faden wiederaufzunehmen.

Kommen Sie häufiger frustriert aus dem Klassenzimmer, kann sich dies zunächst auf Ihre Motivation auswirken. Vielleicht merken Sie, dass Ihnen die Kraft fehlt, weiter so viel Liebe und Akribie in die Vorbereitung zu stecken, oder dass Sie sich immer öfter abgeschlagen fühlen. Permanente Unterrichtsstörungen können sich durchaus negativ auf Ihre Befindlichkeit und langfristig auch auf Ihre Berufszufriedenheit auswirken.

Fazit

Es gibt eine ganze Reihe von Gründen, weshalb Sie Unterrichtsstörungen in Ihrem Klassenzimmer nicht tolerieren sollten. Die negativen Effekte auf Ihren Schüler, die gesamte Klasse und Sie persönlich sind auf Dauer zu gravierend, um sie hinzunehmen.

So reagieren Sie angemessen auf Unterrichtsstörungen

Unterrichtsstörungen erfordern von Ihnen eine Reaktion. Für Ihren Schüler mit Förderschwerpunkt „Soziale und emotionale Entwicklung“ ist es besonders wichtig, wie Sie dabei reagieren. Lesen Sie in diesem Artikel, wie Sie mit Unterrichtsstörungen professionell umgehen.

Je nach Art des störenden Verhaltens haben Sie verschiedene Möglichkeiten, darauf zu reagieren. Dabei gilt es zu beachten, wie stark Ihr Unterricht beeinträchtigt wird. Deshalb ist es sinnvoll, wenn Sie die Störung kurz im Gesamtzusammenhang betrachten und dann entscheiden, welche Reaktion die angemessene ist.

Übersicht: Reaktionsmöglichkeiten auf Störungen

Reaktionsmöglichkeiten	Beispiel
Bewusstes Ignorieren	• Vollständiges Ignorieren • neutraler Blick zum Zeichen Ihrer Aufmerksamkeit
Nonverbale Reaktion	Klare, abgesprochene Verwarnung: • ermahnender Blick • Handzeichen • „STOPP“-Gesten • „Gelbe Karte“ • „Zeiträuber-Karte“
Verbale Reaktion	Spiegeln: neutrale, beschreibende Rückmeldung des wahrgenommenen Verhaltens, Bsp.: „Anton, ich sehe, dein Stuhl ist umgefallen. Kann es sein, dass du nicht mehr stillsitzen kannst?“ Reflektieren: • Was tust du gerade? • Wie heißt die Regel? • Was hilft dir, dies abzustellen? • Wofür entscheidest du dich? – aufhören – weitermachen mit Konsequenz
Verbale Reaktion mit Konsequenz im Unterricht	Klar abgesprochene Konsequenz: • „Punktabzug“ im Tokensystem • Rote Karte“ mit klarer Konsequenz, wie z. B. – Timeout – Feedback an Eltern
Verbale Reaktion mit Konsequenz nach dem Unterricht	Konfliktgespräch nach dem Unterricht
Verbale Reaktion mit Konsequenz über den Unterricht hinaus	Unterrichtseinheit zur Konfliktlösung oder zur Einheit im Bereich „soziales Lernen“ • Elterngespräch • ggf. Schulleiter, Sozialpädagoge, Schulpsychologen einbeziehen

Machen Sie sich Ihre Reaktionsmöglichkeiten bewusst

Bei einer leichten Störung genügt meist eine nonverbale Reaktion: ein strenger Blick oder eine Geste, die signalisiert: „Ich habe registriert, dass du gestört hast." Je massiver eine Störung, desto mehr wird es erforderlich sein, dass Sie den Unterricht kurz unterbrechen müssen. Entweder, um eine Sanktion zu verhängen, oder – in einem ganz extremen Fall – sogar für ein klärendes Gespräch. Wichtig ist, dass Sie der Situation angemessen reagieren. Die Übersicht auf Seite 60 zeigt, welche Reaktionsmöglichkeiten Sie haben.

Analysieren Sie die Situation

Ihre Reaktionsmöglichkeiten hängen zum einen von der Auswirkung auf den Lehr-Lern-Prozess ab, zum anderen von der Frequenz, mit der die Störungen auftreten. Beispiel: Einer Ihrer Schüler kramt laut in seiner Tasche, findet, was er sucht, und stellt das Verhalten ein. Wenn Sie darauf mit einer ausführlichen Ermahnung reagieren, beeinträchtigt dies Ihren Unterrichtsablauf mehr als die eigentliche Störung. Wägen Sie deshalb möglichst ab, was zu tun ist.

Das können Sie tun, wenn Ihr Unterrichtsablauf leicht beeinträchtigt wird

Eine kurze Ablenkung eines Schülers müssen Sie nicht unbedingt mit einer offensichtlichen Reaktion quittieren. Sie können diese auch bewusst ignorieren. Wägen Sie ab:

Ihr Schüler stört nicht weiter

Wendet sich der Schüler von selbst wieder dem Unterrichtsgeschehen zu und wird vermutlich nicht erneut stören? Ignorieren Sie die Störung. Werfen Sie dem Schüler vielleicht einen neutralen Blick zu, um zu signalisieren: „Dein Verhalten ist mir nicht entgangen."

Ihr Schüler legt erst richtig los

War die Störung nur der Auftakt, wenn Sie nicht reagieren? Quittieren Sie das regelwidrige Verhalten: Vielleicht reicht ein strenger Blick – vielleicht müssen Sie auch schon zu einer vereinbarten Konsequenz, wie z. B. einer gelben Karte, greifen.

Das können Sie tun, wenn Ihr Unterrichtsablauf stark beeinträchtigt wird

Handelt es sich um eine massive Störung, müssen Sie deutlich reagieren, um dem Verhalten des Schülers Einhalt zu gebieten. Greifen Sie dabei auf vereinbarte Konsequenzen zurück, wie z. B. auf einen Punktabzug im Tokensystem oder eine gelbe Karte.

Reagieren Sie der Situation angemessen auf die verschiedenen Störungen in Ihrem Klassenzimmer.

Ist der Unterrichtsfluss noch nicht unterbrochen, gilt: Greifen Sie lieber zu einer nonverbalen Reaktion, damit dies nicht geschieht.

Das können Sie tun, wenn Ihr Unterrichtsablauf unterbrochen wird

Ist die Störung so massiv, dass Ihr Unterricht unterbrochen werden muss, können Sie eh nichts mehr tun, um den Unterrichtsfluss aufrechtzuerhalten. Dies kann z. B. durch laute Geräusche, Gespräche oder massive Fremdbeschäftigung geschehen. Spiegeln Sie dem Schüler das Verhalten, und ermuntern Sie ihn, darüber nachzudenken. Stellen Sie ihn vor die Wahl: Aufhören oder noch ein Vorfall, und es folgt eine Konsequenz (z. B. ein Timeout).

Das können Sie tun, wenn die Fortführung des Unterrichts unmöglich gemacht wird

Bei Arbeitsverweigerung, Aggression oder Konflikten gilt: Ihr Unterricht wird förmlich verhindert. Sie sollten sich in diesem Fall aktiv der Störung zuwenden und eine drastische Maßnahme ergreifen, um den Unterricht möglichst schnell fortsetzen zu können. Beispiel: 2 Schüler beginnen, sich in Ihrer Deutschstunde zu prügeln. Sie müssen dieses Verhalten unterbinden. Trennen Sie die Schüler, greifen Sie zu einer Konsequenz (z. B. rote Karte), die auch Auswirkungen über den Unterricht hinaus hat, wie z. B. ein Elterngespräch und/oder Konfliktgespräch.

Das können Sie tun, wenn dies häufiger vorkommt

Wird Ihr Unterrichtsfluss regelmäßig von denselben Schülern zum Erliegen gebracht, müssen Sie außerhalb der Unterrichtszeit handeln. Führen Sie Gespräche mit dem Schüler, den Eltern und ggf. der Schulleitung und dem Schulpsychologen. Arbeiten Sie ein System aus, das den Schüler motiviert, ein positiveres Verhalten an den Tag zu legen.

Das sollten Sie tun, wenn alles nach Plan läuft

Auch ein Unterricht, der nicht gestört wird, erfordert von Ihnen eine Reaktion: positive Verstärkung. Zeigen Ihre Schüler positives Verhalten durch eine gute Arbeitshaltung, Mitarbeit und das Einhalten der Regeln, dürfen Sie dies ruhig lobend erwähnen.

Ihre Schüler sollten wissen, dass Sie positives Verhalten ebenso wahrnehmen wie negatives und darauf reagieren – z. B. mit der Aussage: „Ich bin begeistert, wie toll du gerade arbeitest." Unterstreichen Sie dies mit einer symbolischen Belohnung im Tokensystem oder Verstärkerplan.

Fazit

Reagieren Sie stets der Situation angemessen. So verhindern Sie, dass Ihr Unterrichtsfluss unnötig oft unterbrochen wird. Denn dies ist für die Konzentration der Schüler, aber auch für Ihre eigene eine zusätzliche Belastung.

Reagieren Sie mit dem Fußball-Prinzip transparent auf Störungen

Besonders für Ihre Schüler mit Förderschwerpunkt „Soziale und emotionale Entwicklung" ist ein konsequentes Vorgehen bei Regelverstößen wichtig. Dabei kommt es auch auf die Transparenz an: Helfen Sie ihnen, mehr Kontrolle über ihr Verhalten zu erlangen, indem Sie die Folgen für Regelverletzungen berechenbar machen.

Ihr Schüler mit erhöhtem Förderbedarf im sozial-emotionalen Bereich braucht Unterstützung dabei, sich angemessen zu verhalten. Was ihm besonders hilft, ist Transparenz: Mit dem Fußball-Prinzip ist jedem Kind in Ihrer Klasse klar, wo die Grenze ist und was geschieht, wenn man sie überschreitet.

Holen Sie die Kinder da ab, wo sie stehen

Viele Kinder lieben Fußball oder eine andere Sportart. Das Prinzip ist dort überall gleich: Es gibt Regeln, an die man sich halten muss. Ihre Schüler kennen sicherlich die Verwendung der Gelben und Roten Karte. Wer gegen eine Regel verstößt, wird ermahnt. Und zwar für alle sichtbar und ohne großen Aufwand. Doch der Spieler erhält eine 2. Chance: Wird allerdings erneut eine Regel gebrochen, gibt es kein Pardon mehr. Die Konsequenz erfolgt in Form einer Roten Karte und eines Platzverweises.

Vermeiden Sie pausenlose Ermahnungen

Stellen Sie sich vor, der Schiedsrichter auf dem Fußballplatz würde anfangen, die Spieler mündlich zu ermahnen: „Thomas, jetzt hör aber auf zu foulen." „Bastian, wenn ich das noch einmal sehe, gibt es Ärger." „Mats – jetzt reicht es mir." Was in diesem Zusammenhang lustig klingt, ist doch in vielen Klassenzimmern Realität. Viele Lehrer neigen dazu, mit mündlichen Ermahnungen um sich zu werfen. In der Regel laufen diese allerdings ins Leere.

In vielen Fällen werden die Schüler dadurch sogar in ihrem Verhalten verstärkt: Wenn sie schon keine positive Aufmerksamkeit bekommen, dann wenigstens eine negative.

Ermahnen Sie mit der Gelben Karte

Statt die Kinder immer wieder beim Namen zu nennen, um sie von dem Fehlverhalten abzubringen, kommt die Gelbe Karte zum Einsatz.

Ein Kind bricht die Regel? Sie zeigen ihm die Gelbe Karte. Für Ihren Schüler ist klar: „Wenn ich weitermache, bekomme ich die Rote Karte." Sie können Gelbe Karten in mehrfacher Ausführung auf Ihrem Pult aufbewahren und dem Kind ggf. auf den Tisch legen. So hat es vor Augen, dass es bereits ermahnt wurde.

„Bestrafen" Sie mit der Roten Karte

Mit der Gelben Karte stellen Sie Ihren Schüler vor die Wahl: „Entweder du hörst auf und es passiert nichts weiter – oder du entscheidest dich dagegen. In diesem Fall musst du damit rechnen, die Rote Karte zu erhalten." Der Ablauf ist klar. Die Entscheidung liegt beim Kind.

Wählen Sie eine Konsequenz

Vereinbaren Sie im Vorfeld mit Ihrer Klasse, welche Konsequenz mit der roten Karte in Verbindung stehen soll. Sie haben verschiedene Möglichkeiten. Entscheiden Sie sich am besten für eine Variante, die sich für Sie unproblematisch umsetzen lässt. Die Folge sollte nicht Sie mehr „bestrafen" als Ihren Schüler. Sie können auch verschiedene Aspekte miteinander kombinieren. Beispiele:

- Timeout (unter Aufsicht in einem anderen Zimmer)
- „Nachsitzen"
- Zusatzaufgabe

Übersicht: So funktioniert das Fußball-Prinzip

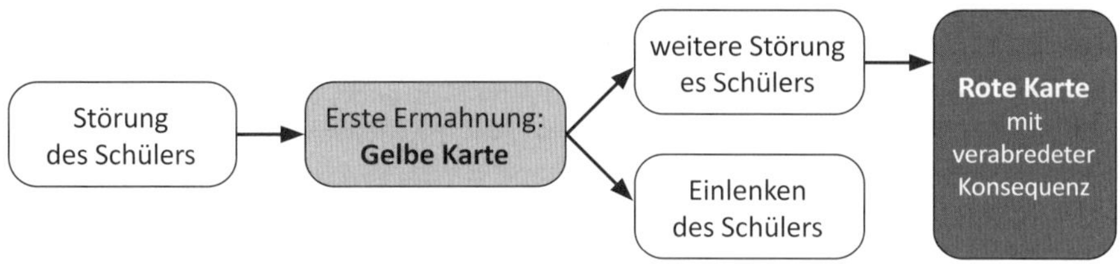

- Information an die Eltern
- Ausfüllen eines „Nachdenkzettels" zur Reflexion des Verhaltens

So läuft die Methode ab

Der Ablauf ist klar und übersichtlich. Ihre Schüler wissen genau, worauf sie sich einlassen, wenn sie gegen eine Regel verstoßen. Sie setzen damit einen Prozess in Gang:
1. Sie ermahnen den Schüler ein einziges Mal mit der Gelben Karte.
2. Entscheidet sich der Schüler für eine erneute Störung, folgt die Rote Karte.

Fazit

Mit dieser strukturierten Methode geben Sie die Verantwortung für ihr Verhalten an die Schüler ab, ohne sie zu überfordern. Die Kinder kennen das System und den Ablauf. Auch Sie werden entlastet, denn Sie müssen sich nicht bei jeder Störung überlegen, wie Sie reagieren.

Schließen Sie einen Vertrag mit Ihrem Schüler

Ihr Schüler mit Förderbedarf „Soziale und emotionale Entwicklung" ist nicht dazu gezwungen, sich regelwidrig zu verhalten. Er ist in der Lage, ein positiveres Verhalten an den Tag zu legen. Motivieren Sie ihn z. B. mit der folgenden Methode dazu.

Schließen Sie mit Ihrem Schüler einen Vertrag über angemessenes Verhalten: Ziel ist, Ihren Schüler zu ermutigen, negative Verhaltensweisen zu unterlassen und stattdessen andere zu zeigen. Helfen Sie dem Kind dabei zu verstehen, wie das positive Verhalten aussieht. Unterstützen Sie Ihren Schüler mit konkreten Vereinbarungen, sein Ziel zu erreichen.

Mit einem Vertrag erreichen Sie mehr

Ständiges Ermahnen ist nicht nur wenig effektiv – es wirkt sich auch demotivierend auf Ihren Schüler aus. Helfen Sie ihm stattdessen, positives Verhalten zu zeigen: Am besten gelingt es, wenn Sie positives Verhalten verstärken, statt unerwünschtes Verhalten zu bestrafen.

Durchbrechen Sie beide den Teufelskreis

Mit diesen Methoden sehen Sie Ihren Schüler in einem anderen Licht. Sie richten Ihre Aufmerksamkeit auf das Positive statt auf das Negative. Das hilft auch Ihrem Schüler, aus dem Teufelskreis von Fehlverhalten und negativer Verstärkung auszusteigen. Sie glauben an das Kind und erwarten Gutes. Mittels der sich selbst erfüllenden Prophezeiung und klaren Anforderungen kann Ihr Schüler über sich hinauswachsen.

Das motiviert Ihren Schüler

Mit einem einfachen Vertrag schaffen Sie es, das Kind zu motivieren. Gelingt es ihm, das erwünschte Verhalten zu zeigen, wird es belohnt. Es weiß ganz genau, was zu tun ist, um das Ziel zu erreichen.

Übertragen Sie die Verantwortung an das Kind

Ihr Schüler hat die Wahl: Entweder ich halte mich an den Vertrag und bekomme eine Belohnung, oder ich entscheide mich dagegen und verzichte darauf. So lernt Ihr Schüler, Verantwortung für sein Handeln zu übernehmen. Aufmerksamkeit sowie Bestätigung erhält er nun für erwünschtes statt für unerwünschtes Verhalten. Deshalb wirkt sich die Methode in der Regel zudem steigernd auf das Selbstwertgefühl des Schülers aus.

So sollten Sie vorgehen

Um Ihrem Schüler zu helfen, negative Verhaltensweisen abzulegen, müssen Sie bestimmte Voraussetzungen schaffen: Analysieren Sie, welche individuelle Ausgangslage das Kind mitbringt. Besprechen Sie mit dem Schüler, was Sie sich für ein Verhalten von ihm wünschen. Erklären Sie ihm, wie genau dieses Verhalten aussieht. Klären Sie mit Eltern und Kollegen, welche Belohnung Ihr Schüler für das Einhalten des Vertrages erhalten kann. Die folgenden Schritte helfen Ihnen dabei, planvoll vorzugehen.

Schritt 1: Sammeln Sie Informationen
Beobachten Sie zunächst das Arbeits- und Sozialverhalten Ihres Schülers ausführlich. Stellen Sie fest, was die unerwünschten Verhaltensweisen sind, die ihn in seinem Lernen beeinträchtigen. Diese Informationen sind wichtig, denn sie stellen, positiv formuliert, die Basis des Vertrages dar. Dokumentieren Sie das Verhalten mit Datum und Unterrichtssituation. Beispiel: Max stört den Unterricht immer wieder dadurch, dass er seine Antworten hereinruft. Ziel: Max soll sich leise melden und warten, bis er aufgerufen wird.

Schritt 2: Sprechen Sie sich mit Kollegen und Eltern ab
Verständigen Sie sich mit den Kollegen darüber, ob sie ähnliche Beobachtungen machen konnten. Einigen Sie sich darauf, welche Verhaltensweise konkret Inhalt des Vertrages werden sollte. Erklären Sie in einem Gespräch nun den Eltern die Methode, und sichern Sie sich ihre Unterstützung. Besonders wenn es um die Absprache einer Belohnung geht, ist es hilfreich, wenn die Eltern mit Ihnen an einem Strang ziehen.

PRAXISTIPP: Wenn die Eltern nicht mitspielen, können Sie das Kind auch ohne deren Unterstützung belohnen. Zum Beispiel mit einem Hausaufgaben-Gutschein.

Schritt 3: Gewinnen Sie Ihren Schüler für diese Methode
Führen Sie mit dem Schüler ein Gespräch unter 4 Augen. Erklären Sie ihm die Vertragsbedingungen:
- Wie sieht das erwünschte Verhalten aus?
- Welche mögliche Unterstützung braucht er, um dieses zu zeigen (z. B. Erinnerung)?
- Welche Belohnung (z. B. Besuch des Erlebnisbades) kann er bekommen?
- Wie oft bzw. wie lange muss er dafür das gewünschte Verhalten zeigen?

Wählen Sie zunächst kurze Zeiträume. Für den Schüler ist dies überschaubarer, für Sie hilfreich, um zu verhindern, dass die Vorhaben mit der Zeit im Sande verlaufen. Nach Ende der Vertragslaufzeit können Sie mit dem Kind reflektieren, neue Bedingungen oder Ziele aushandeln.

Schritt 4: Verhandeln Sie mit Ihrem Schüler
Nehmen Sie Ihren Schüler ernst, und begegnen Sie ihm auf Augenhöhe – wie einem „echten Vertragspartner“. Setzen Sie sich z. B. für diese „Verhandlung“ gemeinsam an einen Tisch in einem Besprechungszimmer. Diskutieren Sie besonders die Unterstützungsmaßnahmen und ggf. andere Bedingungen. Verabreden Sie sich zur gemeinsamen Vertragsunterzeichnung mit dem Schüler und seinen Eltern.

Schritt 5: Bereiten Sie den Vertrag vor

Ein richtiger Vertrag zeichnet sich durch bestimmte Merkmale aus. Er sollte aussehen wie ein richtiges Dokument. Wählen Sie deshalb ein seriöses Layout. Dadurch wird seine Verbindlichkeit symbolisch unterstrichen. Lassen Sie Ihren Schüler seinen Namen selbst eintragen. Auch Anfangs- und Enddatum der schriftlichen Vereinbarung sollten fixiert werden.

Schritt 6: Wählen Sie eine geeignete Formulierung

Die Vereinbarungen sollten Sie so formulieren, dass sie für das Kind verständlich und nachvollziehbar sind. Achten Sie besonders darauf, dass das Ziel für Ihren Schüler tatsächlich aus eigener Kraft erreichbar ist. So erlebt er sich als selbstwirksam und lernt, dass er für sein Verhalten selbst verantwortlich ist.

Schritt 7: Begehen Sie die Vertragsunterzeichnung feierlich

Vereinbaren Sie einen Termin mit dem Schüler, seinen Eltern und Ihren Kollegen. Setzen Sie sich auch hier wieder gemeinsam an einen Tisch, am besten in einem Besprechungsraum. Verlesen Sie „feierlich“ die Vertragsvereinbarungen, das erwünschte Verhalten, die Unterstützungsmaßnahmen und die Bedingungen für die Belohnung. Fragen Sie alle Mitglieder der Versammlung, ob sie damit einverstanden sind, was in dem Dokument vereinbart wurde, und bitten Sie alle um ihre Unterschrift.

Schritt 8: Bleiben Sie am Ball

Die Methode kann nur erfolgreich sein, wenn Sie diese regelmäßig anwenden. Dazu gehört der tägliche Rückblick mit dem Schüler. Besprechen Sie mit ihm, wie er sich selbst einschätzt.

- Ist er der Meinung, dass er die Vereinbarungen eingehalten hat?
- Sind Sie der gleichen Meinung, geben Sie ihm positive Rückmeldung.
- Hat er das Gefühl, es nicht geschafft zu haben?

Sehen Sie dies genauso, überlegen Sie, welche weiteren Unterstützungsmaßnahmen nötig sind. Sind Sie anderer Meinung, ermutigen Sie das Kind, und reflektieren Sie sein positives Verhalten.

Schritt 9: Halten Sie die Erfolge schriftlich fest

Ergänzen Sie den Vertrag mit einem Verstärkerplan. So erhält Ihr Schüler Überblick darüber, an welchen Tagen er sein Ziel erreicht hat. Die symbolische Darstellung wirkt sich zusätzlich motivierend aus.

Fazit

Die Arbeit mit dieser Methode kann Ihrem Schüler mit Förderschwerpunkt „Soziale und emotionale Entwicklung“ helfen, sein Arbeits- und Sozialverhalten zu verbessern. Setzen Sie die Ziele möglichst kleinschrittig. So können sich bei dem Kind leichter Erfolgserlebnisse einstellen. Diese wiederum wirken sich positiv auf seine Motivation und sein Selbstkonzept aus.

Beispiel: Vertrag mit Max Müller

Vertrag

Ich, *Max Müller*, bin mit folgenden Vereinbarungen einverstanden:

Wir, *Mama Julia, Papa Bruno, Frau Meier und Frau Kroth*, erklären uns mit folgenden Vereinbarungen einverstanden:

Sie gelten vom *16.04.2018* bis *20.04.2018*.

Ich melde mich leise, wenn ich etwas sagen möchte.

Ich warte, bis ich aufgerufen werde, und rufe nicht herein.

Wenn ich das vergesse, dürfen mich meine Lehrer einmal erinnern. Das vereinbarte Zeichen ist der Zeigefinger vorm Mund.

Belohnungen

Für jeden Tag, an dem eine Vereinbarung von mir, *Max Müller*, eingehalten wird, erhalte ich *1 Aufkleber*.

Wenn ich 20 Aufkleber oder mehr gesammelt habe, *gehen meine Eltern mit mir einen Tag in den Hochseilgarten*.

Unterschriften

Schüler: ______________________________

Lehrer: ______________________________

Eltern: ______________________________

Beispiel: Verstärkerplan passend zum Vertrag

Das ist mein ☺-Plan Name: Max Müller Woche: 16.04.18–20.04.18	Ich darf einen ☺ ausmalen, wenn ich mich melde und warte, anstatt hereinzurufen.

Mein Ziel: Ich melde mich und warte, bis ich drankomme.

	Montag ☺	Dienstag ☺	Mittwoch ☺	Donnerstag ☺	Freitag ☺
1. Stunde					
Unterschrift des Schülers					
Unterschrift der Lehrkraft					
2. Stunde					
Unterschrift des Schülers					
Unterschrift der Lehrkraft					
3. Stunde					
Unterschrift des Schülers					
Unterschrift der Lehrkraft					
4. Stunde					
Unterschrift des Schülers					
Unterschrift der Lehrkraft					
5. Stunde					
Unterschrift des Schülers					
Unterschrift der Lehrkraft					
6. Stunde					
Unterschrift des Schülers					
Unterschrift der Lehrkraft					
Tagesanzahl					
Unterschrift der Eltern					

Was Sie präventiv für einen störungsarmen Unterricht tun können

Nicht jeder Unterricht ist gleich anfällig für Unterrichtsstörungen. Schüler mit Förderbedarf im sozial-emotionalen Bereich profitieren besonders davon, wenn Sie Ihren Unterricht von vornherein präventiv störungsarm gestalten. Dies erreichen Sie, indem Sie gewisse Rahmenbedingungen schaffen und auch bei Ihren Schülern eine Reihe von Regeln einführen.

Was Sie für einen störungsarmen Unterricht tun können

Mit den folgenden Aspekten schaffen Sie einen Unterricht, der für Störungen wenig anfällig ist:

Schaffen Sie Struktur im Klassenraum

- Halten Sie das Zimmer ordentlich.
- Reduzieren Sie unnötige Reize.

Bereiten Sie Ihren Unterricht gut vor

- Planen Sie Ihren Unterricht genau.
- Bereiten Sie alle nötigen Materialien vor.

Starten Sie gut in die Stunde

- Erscheinen Sie selbst pünktlich zu Stundenbeginn.
- Haben Sie alle nötigen Materialien dabei.
- Haben Sie den Ablaufplan im Kopf oder griffbereit.

Führen Sie die Klasse effizient

- Arbeiten Sie mit Ritualen und festen Abläufen.
- Lassen Sie keine Lücken im Unterrichtsfluss entstehen.
- Greifen Sie bei Störungen konkret durch.
- Halten Sie, was Sie versprochen (oder angedroht) haben.
- Geben Sie Rückmeldung bei positivem Verhalten.

Kommunizieren Sie unmissverständlich

- Sprechen Sie klar und deutlich.
- Lassen Sie Arbeitsanweisungen wiederholen und sorgen Sie dafür, dass diese verstanden werden.

Sorgen Sie für ein störungsarmes Arbeiten in Ihrem Klassenzimmer.

Berücksichtigen Sie die Bedürfnisse der Schüler

- Finden Sie das richtige Anforderungsniveau für Ihre Schüler (Differenzierung & Individualisierung).
- Lassen Sie jedes Kind auf seinem Niveau in seinem Tempo lernen.
- Rhythmisieren Sie Ihren Unterricht, und schaffen Sie Raum für den Bewegungsdrang der Schüler.

Was Sie Ihren Schülern beibringen sollten

Erziehen Sie Ihre Schüler durch souveräne Klassenführung zu bestimmten Verhaltensweisen. Schaffen Sie so die nötigen Grundvoraussetzungen für einen störungsarmen Unterricht:

- Ihre Schüler sollten pünktlich sein.
- Sie sollten erstellte Arbeitsmaterialien parat haben.
- Die Hausaufgaben sollten vollständig sein.
- Ihre Schüler sollten Gesprächsregeln kennen und diese einhalten.
- Ziel sollte sein, selbstständig zu arbeiten und die Lernzeit effektiv zu nutzen.
- Vermitteln Sie soziale Kompetenz und Werte.

Fazit

Schaffen Sie in Ihrem Klassenzimmer Rahmenbedingungen, die einen störungsarmen Unterricht ermöglichen. Achten Sie dabei auf gute Unterrichtsvorbereitung und effektive Klassenführung. Führen Sie auch bei Ihren Schülern Prinzipien ein, mit denen Störungen vermieden werden können.

Förderschwerpunkt „Sprache“

Sprache ist nicht nur Unterrichtsgegenstand, sondern auch Unterrichtsmedium: In allen Fächern spielt sie eine besondere Rolle. Sprachkompetenz ist für Ihre Schüler wichtig, um den Anforderungen des Unterrichtsalltags gerecht zu werden. Schwierigkeiten in der sprachlichen Ausdrucksfähigkeit, wie z. B. in Bezug auf Artikulation, Grammatik oder Wortschatz, sprechen für einen erhöhten sprachlichen Förderbedarf.

Wie hoch ist der Anteil dieses Förderschwerpunktes? 10,6 % aller Kinder mit Förderbedarf haben den Förderschwerpunkt „Sprache“.

Wie hoch ist die Inklusionsquote in etwa? Die Inklusionsquote liegt mit ca. 27 % relativ hoch.

Diese Probleme sind typisch:

Artikulationsstörung

Ihr Schüler bildet Laute falsch oder ersetzt sie durch andere, unpassende Laute. Der Klang oder auch die Bedeutung des Wortes wird dabei verändert. Beispiel: „liegen“ statt „lügen“.

Probleme mit dem Schriftspracherwerb

Das Kind hat Schwierigkeiten mit der phonologischen Bewusstheit. Das Erlernen des Lesens und Schreibens fällt ihm dadurch schwer.

Rezeptive Sprachentwicklungsstörung

Ihr Schüler hat Schwierigkeiten, sprachliche Aussagen zu verstehen und umzusetzen. Es fällt ihm schwer, angemessen auf Fragen und Aufforderungen zu reagieren oder Informationen richtig einzuordnen.

Expressive Sprachentwicklungsstörung

Hat Ihr Schüler Probleme, das treffende Wort zu finden, und greift deshalb oft zu Füllwörtern, wie z. B. „ähm“ oder „Dings“, liegt meist eine expressive Sprachentwicklungsstörung vor. Die Schwierigkeiten können sich auch auf Finden der betreffenden grammatikalischen Form beziehen.

Stottern und Poltern

Die Redeflüssigkeit Ihres Schülers kann eingeschränkt sein. Es kommt zu Sprechblockaden oder zu Wiederholungen von Lauten, Silben, Wörtern oder Satzteilen.

Selektiver Mutismus

Mutistische Schüler besitzen die Fähigkeit zu sprechen, tun es aber in spezifischen Situationen bestimmten Personen gegenüber oder an gewissen Orten nicht. Die Kommunikationsstörung tritt vermehrt bei Mädchen auf. Außerdem besteht ein signifikanter Zusammenhang zwischen Zweisprachigkeit und Mutismus.

Sprache spielt in allen Fächern eine große Rolle, weshalb Kinder mit diesem Förderschwerpunkt über das Fach Deutsch hinaus benachteiligt sind.

JorgeAlejandro – Fotolia.com

Wie der Förderschwerpunkt „Sprache“ einzuschätzen ist

Haben Sie einen Schüler mit Förderschwerpunkt „Sprache“ in Ihrer Klasse, können Sie eine Menge für seine Förderung tun. Dies gilt auf verschiedenen Ebenen: von der angstfreien Lernatmosphäre im Klassenzimmer über ein konstruktives Fehlerverständnis hin zu den vielfältigen Übungen rund um seine Sprachschwierigkeiten.

Sprache ist Medium: Nicht nur im Deutschunterricht, sondern auch in allen anderen Schulfächern ist Sprache bedeutsam für Verständnis, Kommunikation und Lernzuwachs. Versuchen Sie, ein Klassenklima zu schaffen, in dem sich Ihr Schüler trotz seiner Sprachschwierigkeiten zutraut, an vielfältigen Sprechanlässen aktiv teilzuhaben. Gehen Sie bewusst konstruktiv mit Fehlern um, und fördern Sie das Kind je nach Schwerpunkt des Förderbedarfs umfassend und kreativ.

So erkennen Sie den sprachlichen Förderbedarf

Um passgenau fördern zu können, ist es wichtig, dass Sie den Schwerpunkt der Sprachschwierigkeiten genau kennen. Dabei kann es sich beispielsweise um folgende Aspekte handeln:

- Probleme mit der sprachlichen Ausdrucksfähigkeit (Artikulation, Grammatik, Wortschatz)

Checkliste: Erheben Sie den sprachlichen Förderbedarf			
Beobachtung	**Beispiel**	**Mögliche Störung**	✓
Der Schüler bildet bestimmte Laute inkorrekt oder lässt sie aus.	„slimm" statt „schlimm" „tommen" statt „kommen"	Artikulationsstörung • phonetisch oder • phonologisch	❑
Der Schüler hat Schwierigkeiten beim Erlernen von Lesen und Schreiben.	• kann Wörter nicht in Silben zerlegen – erkennt Laute am Wortanfang, in der Wortmitte oder am Wortende nicht • erkennt keine Reime oder gleich anlautende Wörter	Mangelnde phonologische Bewusstheit	❑
Der Schüler zeigt mangelndes Sprachverständnis.	• führt Arbeitsanweisungen nicht (richtig) aus • erkennt wichtige Informationen nicht • reagiert nicht auf Aufforderungen	Rezeptive Sprachentwicklungsstörung	❑
Der Schüler hat Schwierigkeiten, Gegenstände zu benennen, oder kennt die Bedeutung von Wörtern nicht.	• benutzt Füllwörter, wie „Dings" oder Umschreibungen für den gemeinten Gegenstand • versteht Redewendungen wörtlich	Expressive Sprachentwicklungsstörung	❑
Der Schüler bildet grammatisch inkorrekte Wörter oder Sätze.	• „Er gehte." • „Wir kommt."	Dysgrammatismus	❑
Der Schüler spricht nicht flüssig.	• Silben- oder Wortwiederholungen • gespanntes Dehnen von Wörtern • Sprachblockaden	Stottern, Poltern, Sprechhemmung	❑
Der Schüler spricht nicht oder sehr wenig.	... spricht nicht ... • in bestimmten Situationen • an bestimmten Orten • mit bestimmen Personen	(Selektiver) Mutismus	❑

Sprachförderlich für Ihren Unterricht ist u. a. eine deutliche, prägnante Lehrersprache.

- Probleme mit dem Verständnis von Bedeutung (eines Wortes oder einer Aussage)
- Daraus resultierend kann das Kind Einschränkungen oder Entwicklungsverzögerungen im Schriftspracherwerb aufweisen, die sich meist in einer nicht (ausreichend) ausgebildeten phonologischen Bewusstheit zeigen.

Meist entstehen Sprachstörungen durch verschiedene Aspekte, wie physiologische, genetische, psychische oder soziokulturelle Faktoren. Diese bewirken oft eine eingeschränkte Verarbeitungsfähigkeit von Sprache und Kommunikation. Auch Schüler mit Migrationshintergrund weisen häufig erhöhten Förderbedarf in sprachlichen Aspekten auf. Je genauer Sie sich ein Bild vom Kind mit seinen individuellen Stärken und Schwächen verschaffen, desto passgenauer können Sie es fördern.

Nutzen Sie die Checkliste auf Seite 75, um den Förderbedarf im sprachlichen Bereich zunächst erkennen und entsprechend intervenieren zu können.

So gestalten Sie die Sprachförderung während Ihres Unterrichts

Unabhängig vom individuellen Förderbedarf Ihrer Schüler können Sie mit 4 einfachen Prinzipien eine sprachförderliche Atmosphäre in Ihrem inklusiven Klassenzimmer schaffen.

Prinzip 1: Sprachmodell sein

Achten Sie auf eine klare, verständliche Aussprache. Die Reduktion auf das Wesentliche, welches durch Betonung, Mimik und Gestik unterstrichen wird, ist ein wesentlicher Faktor in Bezug auf eine vorbildliche Lehrersprache. Vergewissern Sie sich immer wieder, dass Ihr Sprechtempo angemessen ist. Versichern Sie sich, dass Ihre Sprache verstanden wird, beispielsweise durch Unterstützung in Form von Wort- bzw. Symbolkarten.

Prinzip 2: Sprechanlässe schaffen

Schaffen Sie verschiedene niederschwellige Sprechanlässe, wie Lieder oder Spiele, aber auch vielfältige Spracherfahrungen in Form von unterschiedlichen Textformen und (medialen) Darbietungsformen. Offene Unterrichts- und soziale Kooperationsformen eignen sich besser für kommunikatives Verhalten, da die Hemmschwelle niedriger ist, als vor dem Plenum zu sprechen.

Prinzip 3: offene Fehlerkultur

Fehler sind erlaubt – so sollte die Devise lauten. Bei der Fehlerkorrektur sollten Sie behutsam vorgehen. Eine gelungene Art, auf falsche Formulierungen oder Lautbildungen zu reagieren, ist das Modellieren. Sie wiederholen dabei das Gesagte richtig, ohne dem Kind direkt zu sagen: Du hast es falsch gemacht.

Prinzip 4: soziales Klima

Achten Sie auf eine Atmosphäre gegenseitigen Verständnisses, und verankern Sie in den Klassenregeln, dass Aktionen wie Verspotten oder Nachäffen nicht toleriert wer-

PRAXISTIPP: Schüler, die Schwierigkeiten mit dem Sprechen haben, können von einem sogenannten „Sprachpaten“ profitieren, der beispielsweise die „öffentlichen“ Äußerungen im Plenum für diesen Schüler übernimmt bzw. ihn dabei unterstützt.

den. Schüler sollten stets unabhängig von ihrem Leistungsvermögen in den Unterricht einbezogen werden. Loben Sie für Anstrengungsbereitschaft und Verbesserung, nicht nur für Leistung.

Wie Sie bei Sprachstörungen schnell und sicher reagieren

Je nach Entwicklungsrückstand oder Störung im Bereich „Sprache“ gibt es entsprechende Interventionsmöglichkeiten. Erfahren Sie hier, wie Sie auf die Erkenntnisse, die Sie mithilfe der diagnostischen Checkliste gewonnen haben, am besten reagieren.

Je nach Art der Sprachentwicklungsstörung bedarf das Kind unterschiedlicher Übungen, welche Sie im Folgenden aufgeführt finden. Sie haben die Möglichkeit, diese in die individuellen Wochenpläne der Schüler zu integrieren oder sie in speziellen Förderstunden durchzuführen.

Achten Sie darauf, dass Sie ein Kind mit einer Sprachförderung individuell und passgenau fördern.

Unterstützen Sie bei Artikulationsstörungen

Bei den Artikulationsstörungen unterscheidet man zwischen phonologischen und phonetischen Störungen. Folgende Fragen helfen Ihnen herauszufinden, welche Art von Störung vorliegt:

Kann das Kind alle Laute einzeln richtig bilden?
- Wenn nicht, liegt meist eine phonetische Störung vor.
- typisches Beispiel: inkorrekte Bildung des /sch/

Setzt das Kind die richtig gebildeten Laute falsch ein?
- Wenn ja, dann liegt wahrscheinlich eine phonologische Störung vor.
- typisches Beispiel: /t/ommen statt /k/ommen

Die Ursache einer phonetischen Störung ist häufig eine muskuläre Beeinträchtigung der Artikulationsorgane oder eine verminderte Hörfähigkeit. Falls die Eltern es noch nicht haben prüfen lassen, bitten Sie diese, einen Arzt zu konsultieren und entsprechende Untersuchungen zu veranlassen.

Durch phonologische Störungen können Kinder keine altersgerechte Artikulationsweise zeigen. Dies kann in einer Schwäche der zentralen Hörverarbeitung begründet sein.

Üben Sie im Fall einer phonologischen Störung die entsprechenden Lautproduktionen mit sogenannten Minimalpaaren. Dies sind Wörter, die sich in einem einzigen Phonem unterscheiden, welches zu einer Bedeutungsveränderung führt: z. B. Topf – Kopf, Haus – Maus, Nase – Hase, Kasse – Tasse.

Entfalten Sie phonologische Bewusstheit bei Ihrem Schüler

Phonologische Bewusstheit ist die Kompetenz, die über den Erfolg Ihres Schülers beim Erlernen von Lesen und Schreiben die wichtigste Rolle spielt. Trainieren Sie diese Kompetenz mit den verschiedensten Übungen. Setzen Sie auch die Lauttabelle ein, sodass Ihr Schüler zunehmend selbstständig lesen und schreiben kann.

Zu den phonologischen Kompetenzen, die für einen erfolgreichen Schriftspracherwerb wichtig sind, gehören Analyse und Synthese.

- Zum Bereich Analyse gehört u. a. die Fähigkeit, Einzellaute aus dem ganzen Wort herauszuhören, Silben zu segmentieren und Positionen von Lauten im Wort zu identifizieren.
- Für die Synthese bedeutet dies im Gegenzug, die einzelnen Elemente sinnvoll zum Ganzen zusammensetzen zu können: auf Silben-, Wort- und Satzebene. Erst aus der Kombination von Analyse und Synthese ergibt sich die Fähigkeit, Wörter zu lesen und aufzuschreiben.

Zur Erweiterung der phonologischen Bewusstheit gibt es zahlreiche Übungen:

- den gleichen Anlaut finden
- den gleichen Auslaut finden
- Silbenschwingen
- Silbenzählen
- Analyse der Einzellaute eines Wortes
- Erkennen der Position: vorn – Mitte – hinten

Machen Sie mit dem Schüler Anlautübungen

Üben Sie mit dem Kind, seine Aufmerksamkeit einzig auf den 1. Laut des Wortes zu richten: Lassen Sie das Kind Wörter mit dem gleichen Anlaut finden. „Wo hörst du A am Anfang?“ Aus einer Auswahl an Bildern soll Ihr Schüler diejenigen einkreisen oder ausmalen, die mit A beginnen. Beispiel: Apfel, Ananas, Angel.

Verfahren Sie genauso mit den End- und Mittellauten. „Wo hörst du -a am Ende?“, bzw.: „Wo hörst du -a- in der Mitte?“

Beginnen Sie bei Übungen zu An- und Auslaut immer mit zu identifizierenden Konsonanten, die sich dehnen lassen und so vom Kind leichter erkannt werden können. Beispiele: F-isch vs. H-aus

PRAXISTIPP: Zu allen Anlauten finden Sie unter www.zaubereinmaleins.de kindgerechte Wimmelbilder, die Wörter zu den Lauten enthalten. Sie können die Schüler alle Gegenstände zu dem passenden Anlaut nennen bzw. ausmalen lassen.

Ein Schüler mit Sprachschwierigkeiten in Ihrer Klasse braucht nicht nur ein soziales Klima, sondern auch eine umfassende Förderung.

Reimen Sie viel mit den Schülern

Greifen Sie immer wieder zu Reim-Memorys oder ähnlichen Spielen, bei denen Ihre Schüler Wörter zuordnen müssen, die sich reimen. So wächst das Bewusstsein für den Klang von Lauten und die bestehenden Unterschiede. Beispiele:

- Hose – Dose
- Haus – Maus
- Baum – Saum
- Herd – Pferd
- Mücke – Krücke

Lassen Sie die Schüler Silbenübungen machen

Silben können Sie klatschen, hüpfen, zählen, unterstreichen oder in verschiedenen Farben schreiben lassen. Arbeiten Sie z. B. mit einem Silbenparcours mit hohem Aufforderungscharakter. Ihre Schüler erhalten ein Wort auf einem Kärtchen, wie z. B. Eisenbahn.

Lesen Sie viel vor

Verschaffen Sie den Schülern Zugang zu Kinder- und Jugendliteratur. Legen Sie eine kleine Bibliothek im Klassenzimmer an. Schaffen Sie Vorlese-Rituale, wie z. B. jeden Tag nach der großen Pause einige Minuten, bei denen die Schüler zur Ruhe kommen. Bitten Sie auch die Eltern, darauf zu achten, den Kindern eine leseförderliche Umgebung zu schaffen, zu Hause vorzulesen und die Bücherei zu besuchen.

Helfen Sie Ihrem Schüler mit rezeptiver Sprachentwicklungsstörung

Ein Kind mit einer rezeptiven Sprachentwicklungsstörung hat Probleme, sprachliche Informationen aufzunehmen und zu verarbeiten. Ihr Schüler braucht Gelegenheit, die Funktion und Bedeutung von Sprache in den unterschiedlichsten Situationen zu erkunden und deuten zu lernen.

Helfen Sie dem Kind, fehlende Erfahrungen durch Interaktion mit der Umwelt und anderen Personen aufzubauen und daraus Handlungsmöglichkeiten zu entwickeln. Schaffen Sie Situationen und freiwillige Sprechanlässe, die die Entdeckung der Wirkung und Funktion von Sprache unterstreichen.

Es eignen sich einfache Begebenheiten des Unterrichtsalltags wie die Schilderung von Beobachtungen oder das Äußern der eigenen Meinung. Aber auch gezielte Rollenspiele in der Sprache als Kommunikations- und Repräsentationsmittel dienen dazu.

Seien Sie ein gutes Sprachvorbild

Achten Sie besonders auf eine vorbildliche, verständliche Lehrersprache. Nehmen Sie sich hin und wieder Zeit, Ihre Sprache zu reflektieren. Nehmen Sie dazu mit einem Aufnahmegerät (z. B. in Ihrem Smartphone) kurze Sequenzen Ihres Unterrichts auf, und analysieren Sie diese im Anschluss. Fragen Sie sich:

- Spreche ich langsam und deutlich?
- Verwende ich kurze und einfach strukturierte Sätze?
- Betone ich die wichtigsten Wörter?
- Unterstreiche ich diese durch stimmige Mimik und Gestik?
- Strukturiere ich mehrteilige Hinweise sprachlich: „Zuerst …“, „Danach …“, „Zum Schluss …“?

Spezielle Übungen helfen Schülern mit Sprachentwicklungsstörungen, diese zu überwinden.

- Reduziere ich Anweisungen und Erklärungen auf die wesentlichsten Punkte?
- Lassen ich diese von mehreren Schülern wiederholen?

Bieten Sie Sprechanregungen aller Art

Schaffen Sie Situationen und freiwillige Sprechanlässe, die die Entdeckung der Wirkung und Funktion von Sprache unterstreichen:
- Fragen Sie Ihre Schüler nach ihrer eigenen Meinung.
- Lassen Sie die Kinder ihre Beobachtungen schildern.
- Regen Sie die Schüler an, über das eigene Lernen zu reflektieren.
- Setzen Sie Rollenspiele ein.

Schaffen Sie vielfältige Sprechanlässe

Bieten Sie Ihrem Schüler motivierende Situationen, die zur Kommunikation anregen. Versuchen Sie dabei, diese immer wieder abwechslungsreich zu gestalten.

Beispiele:

1. Erzähltisch

Legen Sie verschiedene Gegenstände auf einem Tisch aus. Lassen Sie Ihre Schüler dazu ihre Gedanken schildern oder eine kleine Geschichte erfinden.

2. Mitgebracht
Lassen Sie die Kinder Gegenstände mit in die Schule bringen, zu denen sie etwas zu erzählen haben. Nutzen Sie diese Chance regelmäßig. Themen gibt es viele, wie z. B. „mein liebstes Spielzeug“, „mein Wochenende“, „in meinen Ferien“ usw.

3. Wortschatzkästchen
Füllen Sie ein Schatzkästchen mit Gegenständen oder Wortmaterial. Lassen Sie Ihre Schüler die Gegenstände beschreiben und danach eine Geschichte dazu erfinden.

4. Bilder oder Kunstwerke
Nutzen Sie diese als Impulse, und helfen Sie den Schülern dabei, treffend zu beschreiben. Es eignen sich dazu z. B. Wimmelbilder. Sie können daraus auch ein Spiel machen: Das 1. Kind beschreibt ein einfaches Bild. Das 2. Kind muss das Bild nur aufgrund der Beschreibung aufmalen (ohne die Vorlage zu sehen). Danach wird verglichen.

So gehen Sie mit einer expressiven Sprachentwicklungsstörung um

Sich grammatikalisch richtig und treffend auszudrücken, ist nicht für alle Muttersprachler selbstverständlich. Wer dabei große Schwierigkeiten hat, leidet oft an einer expressiven Sprachentwicklungsstörung. Helfen Sie Ihrem Schüler durch vielfältige Übungen, die passenden Worte oder die grammatikalisch richtigen Formen zu finden. Wenn Ihr Schüler die Bedeutung von Wörtern nicht erkennt oder Füllwörter benutzt, braucht er Hilfe, um sein Sprachgefühl zu entwickeln und Sicherheit dabei zu gewinnen, sich treffend auszudrücken.

Üben Sie neue Wörter intensiv

Bauen Sie mit Ihrem Schüler einen Grundwortschatz auf. Wortlisten hierfür finden Sie z. B. unter www. gut1.de. Lassen Sie das Kind neue Wörter nach einem festen Schema üben. Am besten führen Sie Rituale ein, um den Wortschatz systematisch zu erweitern, wie z. B. den Fachbegriff der Woche. Erklären Sie auch Fachbegriffe in allen Fächern.

Üben Sie schwierige Wörter

Lassen Sie die Schüler eine Kartei anlegen und die Wörter zielgerichtet üben.
- Das Wort auf- und abbauen.
- Das Wort in Silben zerlegen.

- Mit dem Wort einen Satz bilden.
- Das Wort auswendig aufschreiben.
- Eine Erklärung für das Wort finden.

Trainieren Sie mit den Schülern Strategien, um sich selbstständig schwierige Wörter zu erarbeiten, wie das Nachschlagen im Lexikon oder das Erschließen aus dem Kontext.

Übungsplan: Grundwortschatz

1. Das Wort auf- und abbauen.

B
Bau
Baue
Bauer
Bauern
Bauernh
Bauernho
Bauernhof
Bauernho
Bauernh
Bauern
Bauer
Baue
Bau
B

2. Das Wort in Silben zerlegen.

Bau – ern – hof

3. Mit dem Wort einen Satz bilden.

Mein Onkel hat einen Bauernhof.

4. Den passenden Artikel finden.

der Bauernhof

5. Das Wort rückwärts schreiben.

fohnreuaB

6. Das Wort in Spiegelschrift schreiben.

ꟻodnɿɘuɒᙠ

Übungsplan: Grundwortschatz

7. Die Wortart bestimmen.

Namenwort

8. Das Wort auswendig aufschreiben.

Bauernhof

9. Eine Erklärung für das Wort finden.

Das Land und die Gebäude, die dem Bauern gehören, nennt man Bauernhof.

10. Ein Bild malen zum neuen Wort.

Das Wort im Wörterbuch nachschlagen: Auf welcher Seite steht es?

12. Die Tabelle ausfüllen.

Ich sehe ...	... den Bauernhof.
Der Bauer lebt auf ...	... dem Bauernhof.
Der Bauer streicht den Zaun ...	... des Bauernhofs.

Trainieren Sie die Selbstständigkeit

Arbeiten Sie mit Ihrem Schüler an Strategien, mit denen er zunehmend an Selbstständigkeit gewinnt, sollte er ein Wort nicht finden. Setzen Sie dafür z. B. neben den üblichen Wörterbüchern Bildwörterbücher ein.

Diese Übungen können Sie bei Dysgrammatismus einsetzen

Grammatik zu üben kann für Ihren Schüler schnell lästig und mühselig werden. Versuchen Sie darum, möglichst kindgerechte und abwechslungsreiche Übungen einzusetzen.

Häufig treten die Schwierigkeiten auf in den Bereichen:

1. Morphologie

- Subjekt-Verb-Kongruenz: Ich gehe.
- Genusmarkierung: Die Frau läuft. Sie läuft.
- Numerusmarkierung: ein Haus, 2 Häuser
- Kasusmarkierung: Ich sehe den Baum.
- Unregelmäßig gebildete Verbformen: ich ging, es blies, wir kamen

2. Syntax

- Verbzweitstellung im Hauptsatz: Morgen gehe ich ins Schwimmbad.
- Verbendstellung im Nebensatz: Wenn es morgen regnet, gehe ich lieber nicht schwimmen.
- Fragen mit Satzumstellung: Bin ich dran?
- Negation: Ich mag kein Gemüse. Statt: Ich mag nicht Gemüse.
- Wortstellung im Perfekt: Ich gehe schwimmen. Ich ging schwimmen. Ich bin schwimmen gegangen.

Modellieren Sie die Sprache des Schülers, anstatt ihn zu verbessern. Der Schüler fühlt sich dadurch verstanden und hört im direkten Bezug die grammatikalisch richtige Formulierung, ohne sich verbessert zu fühlen.

Schüler	**Lehrer**
„Ich weißt nicht, wo der Heft ist.“	„Das Heft liegt hier.“
„Jule hat mich geschlagt.“	„Jule hat dich geschlagen?“
„Am Samstag war mein Onkel gekommt.“	„Ach, dein Onkel ist zu Besuch gekommen?“

Machen Sie stotternden Kindern Mut

Stottern hat meist keine organische Ursache. Diese Form von Störung des Sprechtempos und Ablaufes von Sprache kann situationsunabhängig oder habituell auftreten. Schon bei der Gestaltung Ihrer Unterrichtsgespräche können Sie stotternde Kinder besonders berücksichtigen und ihnen damit Mut machen.

Durch einfache Maßnahmen in Ihrem Unterricht unterstützen Sie ein stotterndes Kind und machen ihm Mut, sich weiter aktiv am Unterrichtsgeschehen zu beteiligen:

1. Rufen Sie das Kind auf: Haben Sie keine Hemmungen, den Schüler im Unterricht dranzunehmen. Durch seltenes Aufrufen oder gar Ignorieren reduzieren Sie seine Kommunikationserfahrung.
2. Warten Sie ab: Führen Sie unterbrochene oder abgebrochene sprachliche Äußerungen nicht zu Ende. Das hat negative Auswirkungen auf das Selbstwertgefühl des Kindes.

3. Zusammenfassen: Fassen Sie stattdessen zum Abschluss die sprachliche Äußerung des Schülers inhaltlich zusammen, und loben Sie ihn ggf. sachbezogen für den Beitrag.
4. Nachteilsausgleich und Alternativen: Schaffen Sie beispielsweise für den Schüler Möglichkeiten, Inhalte durch die Unterstützung von Medien oder andere Schüler zu präsentieren. Denken Sie über ein Aussetzen der mündlichen Benotung nach.

Lassen Sie sich nicht von Alltagstheorien über Stottern täuschen:
- Stottern lässt keine Rückschlüsse auf die Intelligenz des Schülers zu.
- Ein stotterndes Kind muss kein Trauma, keine schüchterne Persönlichkeit oder Eltern mit psychischen Erkrankungen haben. Sichern Sie ab, dass das Kind in sprachtherapeutischer Behandlung ist. Dort werden sich Psychologen auch mit den Ursachen befassen.
- Modelllernen ist in diesem Fall äußerst ungewöhnlich: Stottern ist von daher nicht „ansteckend“.

Tipps für mündliche Beiträge von stotternden Schülern

Stotternde Kinder sind sich selbst ihrer Redeflussstörung bewusst. Nicht selten setzen sie sich enorm unter Druck. Daher ist es besonders wichtig, dass Sie das Kind nicht zusätzlich verunsichern.

Tipp 1: Klären Sie die Klasse auf

Halten Sie Rücksprache mit Ihrem Schüler: Möchte er, dass die Klasse über die Problematik des Stotterns aufgeklärt wird? Halten Sie ggf. eine Unterrichtsstunde zu dem Thema, und versuchen Sie, bei den Mitschülern Verständnis für die Situation hervorzurufen. Sollte Ihr Schüler dies nicht wollen, sollten Sie allgemein versuchen, für ein soziales Lernklima zu sorgen (siehe Tipp 3).

Tipp 2: Vereinbaren Sie folgende Regeln

Nehmen Sie in Ihre Gesprächsregeln folgende Aspekte auf:
- Wir lassen einander ausreden.
- Wir lachen niemanden aus.
- Wir äffen niemanden nach.

Tipp 3: Schaffen Sie eine angstfreie Atmosphäre

Arbeiten Sie mit Ihren Schülern stetig daran, ein Klassenklima zu schaffen, in dem jedes Kind sich mit seinen Stärken und Schwächen angenommen fühlt. Fördern Sie den

Zusammenhalt in der Klasse mit Kooperationsspielen, den Besuch außerschulischer Lernorte und einem umfassenden Konzept zur Sozialerziehung.

Tipp 4: Besprechen Sie das Aufruf-Ritual mit dem Kind
Für ein stotterndes Kind kann es zur größten Angst werden, unfreiwillig aufgerufen zu werden. Sprechen Sie mit dem Schüler ab, ob er das überhaupt möchte. Es spricht nichts dagegen, ihn nur aufzurufen, wenn er sich freiwillig meldet. Vorausgesetzt, er kooperiert und ist dann nicht mit etwas Unterrichtsfremdem beschäftigt, weil er sich in Sicherheit wiegt. Außerdem sollte Ihr Schüler von sich aus immer wieder kleinere Beiträge leisten.

Tipp 5: Greifen Sie auch auf nonverbale Mitarbeit zurück
Sie müssen nicht immer das Frage-Antwort-Prozedere in Ihrem Unterricht durchführen. Streuen Sie immer wieder einmal Gelegenheiten für weniger wortgewandte Kinder oder eben Schüler mit Sprachschwierigkeiten ein. Beispiele:

- Daumen hoch oder Daumen runter? Stellen Sie Fragen, die mit Ja oder Nein zu beantworten sind, und lassen Sie alle Kinder ihre Ansicht mittels Daumen signalisieren. Bitten Sie die Schüler, am besten vorher die Augen zu schließen, sodass sie nicht einfach die Geste der restlichen Klasse nachahmen, sondern sich eigene Gedanken machen.
- Variante: „Wenn du der Meinung bist, die Antwort ist 5, dann steh auf.“

Tipp 6: Klären Sie die Vorlese-Rituale mit dem Schüler
Für ein stotterndes Kind kann es eine besonders angstvolle Situation sein, zum Vorlesen aufgerufen zu werden. Finden Sie Alternativen für Ihren Schüler. Lassen Sie ihn z. B. mit dem Partner vorlesen oder gleich eine ganze Tischreihe im Chor.

Tipp 7: Schaffen Sie niederschwellige Sprechanlässe
Statt immer Fragen an die ganze Klasse zu stellen, können Sie auch immer wieder Aufträge erteilen, die zur Absprache und dem Austausch mit dem Nachbarn ermutigen. Mit der schüleraktivierenden Methode nach dem Motto „Besprich dich mit deinem Nachbarn“ hat auch ein stotternder Schüler einen Anlass und eine Gelegenheit, sich auszutauschen, ohne vor der Klasse sprechen zu müssen.

Tipp 8: Geben Sie dem Schüler einen starken Partner an die Hand
Wenn Ihr stotternder Schüler offen dafür ist, können Sie ihm einen Lernpartner zur Seite stellen, der ihn mündlich entlastet. Der Partner kann als Sprachrohr fungieren. Beispielsweise können Sie ein Zeichen mit den Kindern vereinbaren, das angibt, ob der Partner für sich oder das stotternde Kind spricht. Der Lernpartner kann auch die Hausaufgaben oder gar einen Aufsatz des stotternden Schülers vorlesen.

Tipp 9: Wählen Sie den Lernpartner geschickt aus
Es bietet sich an, als Lernpartner und somit „Sprachrohr“ für das stotternde Kind sprachlich starke Schüler auszuwählen. Vielleicht hat Ihr stotternder Schüler allerdings zu einem sprachlich ebenfalls schwächeren Kind Vertrauen gefasst und äußert ausdrücklich den Wunsch nach einer Zusammenarbeit mit diesem Schüler. In diesem Fall kann es bei Einverständnis des Mitschülers durchaus auch für ihn förderlich sein, da er realistische und notwendige Sprechanlässe erhält.

Tipp 10: Üben Sie die Aufgabe des Lernpartners mit dem Schüler ein
Sprechen Sie mit dem „helfenden Mitschüler“ genau ab, was zu tun ist. Ihr Schüler sollte unbedingt einverstanden sein. Für ihn bedeutet dies ein erhöhtes Maß an Konzentration, Ihnen und dem stotternden Schüler zuzuhören und als Sprachrohr auszuhelfen. Halten Sie in regelmäßigen Abständen Rücksprache mit dem Kind, ob es mit der Situation gut zurechtkommt.

Tipp 11: Suchen Sie nach alternativen Bewertungsmodalitäten
Ein Gedicht oder Referat muss nicht vor der Klasse vorgetragen werden. Erlauben Sie Ihrem Schüler, eine solche Leistung zu Hause zu erbringen, und hören Sie sich stattdessen die Aufnahme an. Bewerten Sie hier, falls ein Nachteilsausgleich gewährt wurde, die Anstrengungsbereitschaft – nicht das flüssige Vortragen.

Tipp 12: So organisieren Sie einen Nachteilsausgleich
Ein Nachteilsausgleich muss in der Regel von der Klassenkonferenz beschlossen werden. Die Regelungen sind hier allerdings von Bundesland zu Bundesland abweichend. Achten Sie darauf, ein ärztliches Attest und eine Bescheinigung über Logopädie den Akten beizulegen. Solange das Kind in professioneller Behandlung ist, müsste es möglich sein, den Nachteilsausgleich zu vertreten.

Tipp 13: Sprechen Sie sich mit Kollegen ab
Für Ihren stotternden Schüler ist es von Vorteil, wenn diese Regelungen in allen Fächern gelten. Versuchen Sie, Kollegen dafür zu gewinnen, sich auf dieselben Vereinbarungen einzulassen.

Tipp 14: Reflektieren Sie mit Ihrem Schüler
Halten Sie regelmäßig Rücksprache mit dem Kind bezüglich der geltenden Vereinbarungen. Fragen Sie Ihren Schüler, ob ihm noch andere Aspekte aufgefallen sind, in denen er Angst verspürt hat, und ob die Mitschüler auch außerhalb des Klassenzimmers ein soziales Verhalten ihm gegenüber zeigen.

Nehmen Sie die Wünsche und Bedürfnisse des Kindes ernst. Je wohler es sich in der Klasse fühlt, desto eher wird es seine Komfortzone verlassen und sich trauen, mehr zu sprechen.

Tipp 15: Behalten Sie die Entwicklung im Auge
Prüfen Sie immer wieder die sprachliche Entwicklung des Schülers. Es sollte nicht dazu kommen, dass er durch die Vereinbarungen und die Reduktion von Zwang weniger Chancen oder Motivation zu üben erhält. Gleichen Sie dies durch viele niederschwellige Sprechanlässe mit Partner und die möglichst zusätzliche individuelle Förderung aus.

Fazit

Für ein stotterndes Kind in Ihrer Klasse kann es zu einer enormen Belastung werden, aktiv am Unterricht teilzuhaben. Die Angst, vorlesen zu müssen oder unerwartet aufgerufen zu werden, kann Ihren Schüler quälen. Finden Sie Absprachen und Bewertungsmodalitäten, die dem Kind diese Angst nehmen.

Geben Sie einem polternden Schüler Feedback

Als Poltern bezeichnet man überhastetes, zu schnelles Sprechen. Dies führt häufig zu mangelnder Verständlichkeit des Gesagten. Anders als beim stotternden Schüler ist es für das Poltern typisch, dass sich das Kind dessen nicht bewusst ist. Deshalb erfordert Poltern ein wertschätzendes, aber deutliches Feedback von Ihnen.

Anders als angenommen zeichnet sich diese Störung nicht nur durch ein hohes Sprechtempo aus: Wenn ein Schüler poltert, wird es für Sie und zuhörende Mitschüler schwer, den Sinnzusammenhang der Aussage zu verstehen. Poltern äußert sich z. B. auch:

- durch Hinzufügen oder Auslassen von Lauten, Silben oder Wörtern
- durch Verschmelzung einzelner Laute
- Wortfindungsstörungen
- falsche Wortstellung
- Abbrüche von Sätzen
- wechselnde Lautstärke
- unpassende Betonung

- unstrukturiertes und unzusammenhängendes Sprechen
- fehlende Kennzeichnung des Endes der Rede (Sprecherwechsel)

Als Lehrkraft sind Sie bei einem polternden Schüler besonders gefordert. Es erfordert ein hohes Maß an Einfühlungsvermögen und Geduld, dem Schüler aufmerksam zuzuhören. Im Unterricht helfen Übungen zu Sprechtempo, Mimik und Gestik. Besonders geeignet sind Rollenspiele oder Lesestücke mit verteilten Rollen. Im inklusiven Unterricht können bei individueller Förderung auch Audioaufnahmen von Gesprächen eingesetzt werden, um die Selbstwahrnehmung zu verbessern.

Fazit

Für einen polternden Schüler ist ein einfühlsames Feedback wichtig, denn er selbst nimmt seine Redestörung in der Regel nicht wahr.

Brechen Sie das Eis zu einem mutistischen Kind

Mutistische Schüler besitzen die Fähigkeit zu sprechen, tun es aber in spezifischen Situationen, bestimmten Personen gegenüber oder an gewissen Orten nicht. Falls Sie ein mutistisches Kind in Ihrer Klasse oder an der Schule haben, helfen Ihnen folgende Informationen, die Störung zu erkennen und professionell darauf zu reagieren.

Meist werden mutistische Kinder zunächst als extrem schüchtern eingestuft. Nicht selten wird versucht, sanften Druck auf sie auszuüben, um sie zum Sprechen zu bewegen. Bei einer vorhandenen mutistischen Störung kann dies allerdings genau das Falsche sein. Achten Sie auf folgende Aspekte, wenn ein Kind Ihnen gegenüber nicht sprechen möchte:

Nicht jedes Kind mit einer mutistischen Störung zeigt alle der hier aufgeführten Merkmale. Suchen Sie auf jeden Fall das Gespräch mit den Eltern des Kindes. Ergründen Sie auf einfühlsame Art, wie sich das Sprechverhalten zu Hause und in Situationen äußert, die der Schule ähnlich sind: Hat das Kind beispielsweise im Kindergarten oder in einer Spielgruppe geschwiegen? Wie reagiert es auf neue, unbekannte Situationen außerhalb des Elternhauses? Versuchen Sie mithilfe der Eltern, offene Fragen zu klären, und raten Sie diesen ggf. zu einem Arztbesuch.

Checkliste: Indizien, die für eine mutistische Kommunikationsstörung sprechen

	✓
Das Kind spricht nur in spezifischen Situationen gar nicht.	❑
Im Unterschied zu einem schüchternen Kind zeigt es keine unterdrückten Kommunikationsversuche (wie leises Nuscheln der Antwort), sondern bleibt stumm und starr.	❑
Dieses Verhalten wird über mindestens 2 Monate hinweg stabil aufrechterhalten.	❑
Die Mimik des Schülers ist meist ausdruckslos.	❑
Auffällig sind seine starren Lippen und seine steife Körperhaltung.	❑
Der Schüler meidet Blickkontakt.	❑
Der Schüler ist normal intelligent.	❑
Das Kind zeigt durchschnittliche bis sehr gute schriftliche Leistungen.	❑
Der Schüler bleibt beim Pausenspiel außen vor oder nimmt nur an nonverbalen Aktivitäten teil.	❑
Dem Kind fällt es schwer, Kontakte zu knüpfen und offen auf andere zuzugehen.	❑
Zu Hause oder in Situationen, wo es sich sicher fühlt, zeigt das Kind eine erhöhte Kommunikationsfrequenz.	❑
Das Kind verstummt auch im Elternhaus vorübergehend, wenn unbekannte Personen hinzukommen.	❑
Wenn das Kind spricht, zeigt es keine besonderen Sprach- oder Artikulationsfehler.	❑
Das Kind hat Angst, sich körperlich zu erproben (beim Schwimmen, Fahrradfahren, Klettern).	❑
Das Kind zeigt sich besonders sensibel in den verschiedensten Bereichen.	❑
Das Kind steht nicht gerne im Fokus der Aufmerksamkeit.	❑

Sie als Lehrkraft können gemeinsam mit den Eltern eine mutistische Störung erkennen und dem Kind den Druck nehmen, sprechen zu müssen. Mithilfe einer Sprach-, Verhaltens und/oder Familientherapie kann dem Schüler professionell geholfen werden.

So brechen Sie Schritt für Schritt das Eis

		✓
1.	Sprechen Sie möglichst vorab mit den Eltern über das Kind. Welche Tiere mag es gern? Welche Farben hat es gern? Mit welchen Kindern spielt es eventuell?	❑
2.	Versuchen Sie, mithilfe dieser Informationen ihm im Klassenzimmer ein wenig das Gefühl von „Zuhause“ zu vermitteln.	❑
3.	Informieren Sie Kollegen und andere Personen, die im Schulgebäude mit dem Kind in Kontakt kommen (Hausmeister, Schulbegleiter usw.). Keiner sollte das Kind drängen zu sprechen. Jede dieser Personen sollte das Kind für wahrgenommenes Sprechen loben.	❑
4.	Versuchen Sie in allen Situationen, dem Schüler seine Ängste zu nehmen. Es mag selbstverständlich klingen, ist aber elementar für das Brechen des Eises: Achten Sie hier besonders auf einen freundlichen Umgangston und eine einfühlsame Art, mit ihm umzugehen.	❑
5.	Schaffen Sie im Klassenzimmer eine angstfreie Lernatmosphäre, indem Sie besonderen Wert auf Anstrengungsbereitschaft statt allein auf Leistung legen.	❑
6.	Bieten Sie dem Schüler im Unterrichtsgeschehen zunächst Aktivitäten an, die kein direktes Sprechen erfordern. Beispiel: Bearbeitung von Aufgaben in Einzelarbeit.	❑
7.	Bieten Sie dem Schüler Symbolkarten an, oder führen Sie Gesten ein, die auch eine nonverbale Teilhabe am Unterricht ermöglichen.	❑
8.	Beobachten Sie, ob der Schüler zu einem bestimmten Kind eventuell Vertrauen fasst.	❑
9.	Ist dies nach einer Weile der Fall, beginnen Sie mit Partnerarbeit zwischen dem mutistischen und dem „vertrauten“ Schüler.	❑
10.	Erweitern Sie die Partnerarbeit schrittweise um ein Kind zur Gruppenarbeit. Belassen Sie das mutistische Kind stets in einer festen Arbeitsgruppe.	❑

So brechen Sie Schritt für Schritt das Eis		✓
11.	Ermöglichen Sie dem Schüler Teilhabe an allen schulischen Aktivitäten. Schließen Sie ihn nicht von etwas aus, das Sprechen erfordert, sondern suchen Sie nach alternativen Kommunikationsmöglichkeiten für das Kind.	❑
12.	Bleiben Sie möglichst geduldig und entspannt, wenn das Kind auch über längere Zeit hinweg nicht mit Ihnen sprechen wird.	❑
13.	Schaffen Sie Kommunikationssituationen mit niedrigen verbalen Anforderungen. Steigern Sie diese bei Erfolg langsam: • ein Wort lautlos mit den Lippen formen • das Wort flüstern • das Wort einem anderen Kind (oder Ihnen) ins Ohr flüstern • mit „Ja" oder „Nein" antworten • in einen Gruppenraum oder vor die Tür gehen, um zu sprechen • den Nachbarn als „Sprachrohr" nutzen (Idee ins Ohr flüstern, dieser sagt es laut)	❑
14.	Verstärken Sie nach und nach jegliche verbale Kommunikation, und beginnen Sie in Absprache mit dem Kinderpsychologen, die nonverbale Kommunikation freundlich zu ignorieren.	

Der Schlüssel zum Erfolg

Das Wichtigste, was Sie über Mutismus wissen müssen, ist zugleich der Schlüssel zum erfolgreichen Brechen des Eises: Das Schweigen des Kindes ist kein Trotzverhalten! Das Kind will sprechen, doch die Angst ist größer. Der 1. Schritt ist, eine Vertrauensbasis zu dem Schüler aufzubauen. Darauf aufbauend können Sie im 2. Schritt Folgendes tun: Bauen Sie Wege der nonverbalen Kommunikation in Ihren Unterricht ein, und stellen

PRAXISTIPP: Denken Sie daran, dass durch die fehlende Versprachlichung in allen Fächern dem Kind ein großer Nachteil bei der Begriffsbildung und kognitiven Verarbeitung von Inhalten entsteht. Erwägen Sie in Absprache mit den Eltern einen Nachteilsausgleich für das mutistische Kind – nicht nur im mündlichen Bereich. Je nach Bundesland entscheidet hierüber die Klassenkonferenz oder Schulleitung.

Weitere Informationen über das Störungsbild finden Sie unter: http://www.mutismus.de/ oder unter http://www.selektiver-mutismus.de/

Sie diese dem Kind zur Verfügung. Ziel dabei ist, dass es sich auch ohne Worte verständigen kann und sich angenommen fühlt. Vergessen Sie dabei nicht: Zwingen Sie niemals ein mutistisches Kind zu sprechen oder Blickkontakt zu Ihnen zu haben. Das würde seine Angst nur verstärken und zu völligem Rückzug führen.

Leseförderung: Dies sind die häufigsten Lesefehler

Um Schüler zielgerichtet und bedarfsgerecht zu fördern, benötigen Sie als Lehrkraft umfassende Informationen über die Lernausgangslage und den Entwicklungsstand jedes einzelnen Schülers. Neben bekannten formellen Lesetests können Sie auch ein diagnostisches Lesekompetenzraster nutzen. Erfahren Sie in diesem Artikel, wie Sie am besten dabei vorgehen.

„Fehler sind gut und wichtig“ heißt es so schön. Damit dies für Ihre Schüler gilt, sollten Sie als Lehrkraft zunächst die richtigen Schlüsse aus den individuellen Fehlern des Schülers ziehen. Denn diese geben Aufschluss über die Denkprozesse und Entwicklungsstufe des Kindes. Vom Erlernen der Rechtschreibung sind diese Stufenprozesse bekannt – doch auch beim Lesen helfen Sie uns Pädagogen zu erkennen, welcher für das Kind der nächste Schritt in seiner Entwicklung ist.

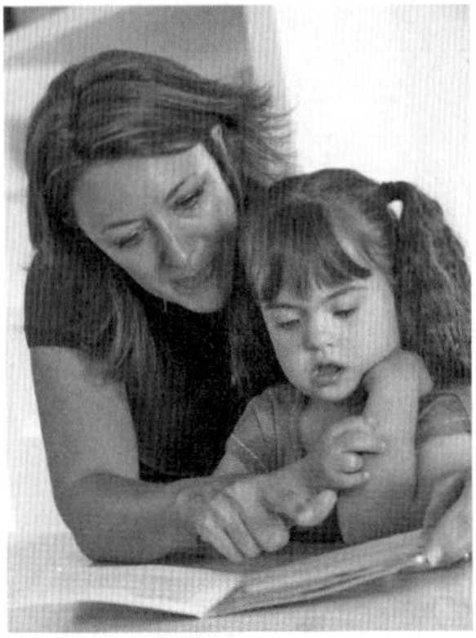

Individuelles Lesetraining, basierend auf diagnostischen Erkenntnissen, hilft jedem einzelnen Schüler, sich zu verbessern.

Typische Lesefehler

Beim Lesen machen Schüler Fehler auf unterschiedlichen Niveaustufen. Ihre Aufgabe als Lehrkraft ist es, diese zu erkennen. Helfen Sie Ihren Schülern mit gezielten Übungen, sich individuell weiterzuentwickeln.

1. Buchstabensammler
Sie erkennen diesen Fehlertyp daran, dass Ihr Schüler langsam und gedehnt liest. Das Synthetisieren der Laute fällt ihm überaus schwer.

Es helfen: z. B. Übungen auf der Laut-, Silben- und Wortebene, Blickspannerweiterung und Wahrnehmungstraining.

2. Kontextspekulant
Es fällt auf, dass der Schüler sehr schnell und ungenau liest. Er dekodiert den Wortanfang und spekuliert (meist falsch) über den Ausgang des Wortes, da der Kontext nicht berücksichtigt wird.

Es helfen: z. B. Arbeit mit Wortbausteinen, Übungen zur Antizipation und Blickspannerweiterung.

3. Mechanischer Rekodierer
Dieser Fehlertyp tritt auf, wenn der Schüler einzelne Wörter fehlerfrei erliest, Betonung und Stimmführung lassen allerdings erkennen, dass der Sinn des einzelnen Satzes nicht erfasst wird.

Es helfen: z. B. Übungen zum Erkennen von Wort- und Satzgrenzen, zur Aufrechterhaltung der Konzentration und zur Antizipation des Sinns im Satz.

4. Globaler Sinnspekulant
Ihr Schüler ist in der Lage, einen Text fehlerfrei vorzulesen, und auch die Betonung der Sätze ergibt Sinn. Doch der Inhalt auf der globalen Ebene des Textverständnisses wird nicht erfasst. Aussagen darüber, was der Text inhaltlich aussagt oder welche Bedeutung hinter den Aussagen steckt, können nicht gemacht werden.

Es helfen: z. B. die Arbeit mit verschiedenen Lesestrategien, Übungen zur Sicherstellung von Konzentration und Aufmerksamkeit.

Diagnose des Lernstands im Bereich „Lesen“

Um bedarfsgerecht zu fördern, ist es hilfreich, die Lesekompetenz jedes einzelnen Schülers im Detail zu erfassen. Auf einen Blick erkennen Sie den individuellen Übungsbedarf und können die Lernangebote entsprechend auswählen. Nutzen Sie das Raster auf Seite 98 in regelmäßigen Zeitabständen, um die Lernentwicklung Ihrer Schüler zu verfolgen und zu dokumentieren.

Fazit

Eine individuelle Förderung lohnt sich, da sie überaus positive Effekte auf die Lernentwicklung und -motivation Ihrer Schüler hat. Wissen die Kinder, was ihr persönliches Ziel ist, was genau sie besser können möchten, verändert sich ihre Einstellung zum Üben in der Regel zum Positiven.

Diagnostisches Lesekompetenzraster

Der Schüler ...	Kompetenz ausreichend vorhanden	Übungs-bedarf	erhöhter Übungs-bedarf
A: Wortebene			
... kennt Laut-Buchstaben-Bezeichnungen.	❑	❑	❑
... kennt besondere Laute *(z. B. sch, ch, eu, au, äu, ei, ck).*	❑	❑	❑
... synthetisiert richtig in einfachen Silben *(z. B. Hut, und).*	❑	❑	❑
... synthetisiert richtig in komplexen Silben *(z. B. schläft, springt).*	❑	❑	❑
... erfasst häufig vorkommende Silben, Wortbausteine und Wörter schnell.	❑	❑	❑
... erkennt bereits erlesene Wortteile mithilfe des Kurzzeitgedächtnisses.	❑	❑	❑
... liest flüssig und in angemessenem Tempo.	❑	❑	❑
... kann sich dabei klar und verständlich ausdrücken.	❑	❑	❑
B: Satzebene			
... erkennt beim Lesen die Kernaussage und betont richtig.	❑	❑	❑
... gliedert Sätze in syntaktische und semantische Sinneinheiten.	❑	❑	❑
... betont Aussage- und Fragesätze entsprechend.	❑	❑	❑
... hebt „Wörtliche Rede“ stimmlich hervor.	❑	❑	❑

Diagnostisches Lesekompetenzraster			
Der Schüler ...	**Kompetenz ausreichend vorhanden**	**Übungsbedarf**	**erhöhter Übungsbedarf**
C: Textebene			
... erfasst den Sinn komplexerer Sätze und betont Zusammenhänge.	❑	❑	❑
... kann dies über Satzgrenzen hinaus an komplexem Text zeigen.	❑	❑	❑
... liest einen komplexeren Text fehlerarm und verständlich.	❑	❑	❑
... passt Lesegeschwindigkeit und Lesefluss dem Text an.	❑	❑	❑
D: Wortschatz			
... verfügt über einen angemessenen Wortschatz.	❑	❑	❑
... erschließt noch unbekannte Wörter aus dem Kontext.	❑	❑	❑
... nutzt Vorwissen und verknüpft dieses aktiv mit dem Text.	❑	❑	❑
... schlägt selbstständig Begriffe nach, die er nicht erschließen kann.	❑	❑	❑
E: Grammatik			
... liest Wortbausteine, Wortendungen, Ableitungen und Komposita sicher und kontextbezogen.	❑	❑	❑
... merkt, wenn ein Fehler zu syntaktischen oder semantischen Unstimmigkeiten führt.	❑	❑	❑

Diagnostisches Lesekompetenzraster			
Der Schüler ...	**Kompetenz ausreichend vorhanden**	**Übungs-bedarf**	**erhöhter Übungs-bedarf**
F: Makrostrukturen			
... verwendet elaborative Lesestrategien. ... kann Textentwicklung antizipieren. ... kann Personen, Gegenstände, Ereignisse bildlich beschreiben. ... kann Beispiele aus anderem Zusammenhang geben.	❑	❑	❑
... verwendet reduktive Lesestrategien. ... kann wichtige Begriffe unterstreichen. ... kann Inhalte konkret zusammenfassen. ... kann Text in Abschnitte gliedern. ... kann eine passende Überschrift für den Text/Abschnitt finden. ... erkennt die Kernaussage des Textes. ... kann Schlussfolgerungen ziehen.	❑	❑	❑
... verwendet Metastrategien. ... kann eigenen Leseprozess steuern. ... überwacht Lesefluss, Lesetempo, Aufmerksamkeit und Konzentration. ... liest schwierige Stellen erneut. ... sorgt selbst für Verständnis, ggf. mithilfe des Lexikons. ... setzt Strategien selbständig ein. ... bildet sich eine eigene Meinung zum Text.	❑	❑	❑
... kann einen Text kritisch reflektieren.	❑	❑	❑
... kann beschreiben, um was für eine Art von Text es sich handelt.	❑	❑	❑

So machen Sie allen Schülern wieder Lust aufs Lesen

Alle Schüler sitzen vor demselben Text – es wird abwechselnd laut vorgelesen. So war Lesenlernen früher. Für den einen zu leicht, für den anderen zu schwer. Immer wieder die gleichen Freiwilligen, denen das Lesen leichtfällt. Und die gleichen Schüler, die hoffen, nicht aufgerufen zu werden. Das muss nicht sein. So individualisieren Sie das Training der Lesekompetenz in Ihrem inklusiven Deutschunterricht.

Niveau und Art der Übung beim Lesen sind abhängig von dem individuellen Lernbedürfnis des einzelnen Schülers. Der eine liest flüssig, stolpert aber immer wieder über schwierige Stellen, da er nicht versteht, was er liest. Der andere liest noch sehr zäh und langsam, während ein Dritter schon bei einfachen Wörtern den Lesefluss unterbrechen muss. Jedes Kind befindet sich auf einem anderen Leselevel – für jeden gilt es, etwas anderes zu trainieren.

Individuelle Ziele setzen

Mithilfe der Erkenntnisse über die individuelle Lernausgangslage ermitteln Sie, ob Ihre Schüler in den Bereichen „Lesegeschwindigkeit“, „Lesegenauigkeit“ oder „Leseverständnis“ den größten Bedarf an Übung haben. Wichtig ist, dass nicht nur Sie als Lehrkraft wissen, auf welchem Niveau jedes einzelne Kind arbeitet, sondern dass die Schüler dies auch selbst erkennen und sich persönliche Ziele setzen.

PRAXISTIPP: Lassen Sie Ihre Schüler dafür einzeln vorlesen, und nehmen Sie dies mit einem Diktiergerät auf. Beraten Sie sich mit dem Kind: „Was möchtest du verbessern?“ Helfen Sie dem Schüler dabei zu erkennen, welches Ziel für ihn augenblicklich an 1. Stelle stehen sollte.

Im Folgenden erfahren Sie, welche einfachen Übungen für das jeweilige Ziel eingesetzt werden können. Achten Sie bei der Zusammenstellung eines individuellen Trainingsplans für jedes Kind außerdem auf weitere Maßnahmen zur Differenzierung: Anzahl der verschiedenen Übungen, Wiederholung der einzelnen Aufgaben sowie auf deren Schwierigkeitsgrad.

A: Lesetempo

Um eine gewisse Lesegeschwindigkeit zu erreichen, muss der Blicksprung geschult werden. Es eignen sich dafür Übungen, die die visuelle Wahrnehmungsfähigkeit und Aufmerksamkeit erweitern.

Mein Ziel: Ich möchte schneller lesen.

1. Wortsuche (leicht)

XXXXXXXMAUSXXXXXX
XXXXVOGELXXXXXXXXX
XXXXXXXXXXXXXXHUTX

2. Wortsuche (schwer)

ASEHJWTNDMAUSWUIQD
ELHWIMLSJNDMSVOGELQ
DEHUTWEKQIPMSLDHWG

3. Wortpyramide (leicht)
Die Wortpyramiden werden abgedeckt Zeile für Zeile gelesen.

M
MA
MAL
MALE
MALEN

4. Wortpyramide (schwer)
Den Schwierigkeitsgrad erhöhen Sie dadurch, dass der Wortstamm keine feste Position bekommt, sondern sich durch die Linkszentrierung des Wortes verschieben kann.

KARTE
FAHRKARTE
RÜCKFAHRKARTE
RÜCKFAHRKARTESTEMPEL
RÜCKFAHRKARTESTEMPELAUTOMAT

5. Wortschlangen
Mithilfe von WordArt lassen sich diese Schriftbilder leicht herstellen. Der Abstand der Buchstaben entscheidet hier über den Schwierigkeitsgrad. Die Wörter lassen sich beliebig auseinanderziehen oder zusammenschieben.

SCHNEIDEZÄHNE SCHNEIDEZÄHNE

B: Lesegenauigkeit

Bei diesem Ziel geht es darum, die Genauigkeit der Wahrnehmung zu schulen, indem die Dekodierfähigkeit trainiert wird.

Mein Ziel: Ich möchte flüssiger lesen.

1. Rückwärtslesen (leichter)
Der Schwierigkeitsgrad lässt sich steigern durch die Verwendung von CH, SCH, AU, EU, ÄU usw.

TSENLEGOV
ENORKMUAB
EENHCSUEN

2. Rückwärtsschlange (schwerer)

ENHÄZEDIENHCS

3. Spiegelschrift
enhäzedienhcS

C: Leseverständnis

In diesem Bereich spielt die Antizipation eine wichtige Rolle. Nur wenn ein Schüler versteht, was er liest, kann er Erwartungen an den Inhalt richten. Auf diese Weise gelingt es geübten Lesern, Wörter bereits im Voraus gedanklich richtig zu ergänzen. Es wird eine sogenannte „lokale Kohärenz“ hergestellt.

Mein Ziel: Ich möchte genauer lesen.

1. Kleckswörter
Um die fehlenden Buchstaben gedanklich zu ergänzen, muss der Schüler den Sinn erfassen.

Max rannte so schnell er konnte.
Unbedingt wollte er den Ball als Erster bekommen.
Nur wenige Meter vor dem Tor hatte er es geschafft.
Mit der rechten Hacke st…pte er den Fußball und: „…!“

2. Satzgrenzen
Hier müssen neben den Wortgrenzen auch die Satzgrenzen erkannt werden. Dazu ist es nötig, den Text aufmerksam zu lesen und zu verstehen.

ANEINEMSCHÖNENFRÜHLINGSMORGENÖFFNETE
ANNEDASFENSTERSIEATMETETIEFEINEINKLEINER
VOGELSETZTESICHAUFDENBAUMIMVORGARTEN
UNDBEGANNLUSTIGZUZWITSCHERN

3. Lückensätze
Bitte beachten Sie, dass es hier oftmals mehrere Möglichkeiten geben kann. Ziel ist es, den Text sinnvoll zu ergänzen.

Max rannte so schnell ___ konnte.
Unbedingt wollte er den Ball ___ Erster bekommen.
Nur wenige Meter vor ___ Tor hatte er es geschafft.
Mit der rechten Hacke stoppte er den ___ und: „Tor!“

Fazit

Beim Kombinieren der verschiedenen Übungen sollten Sie den Grundsatz: „Vom Leichten zum Schweren“ beachten. Wenn Ihre Schüler das Material in einer offenen Unterrichtsphase selbstständig verwenden, markieren Sie den Schwierigkeitsgrad und geben den Kindern den Hinweis, dass sie mit den leichteren Übungen beginnen sollten.

PRAXISTIPP: Das Material lässt sich einsetzen von Jahrgangsstufe 2-4. Passen Sie Niveau und Wortschatz individuell und ggf. fächerübergreifend an.

Förderschwerpunkt „Geistige Entwicklung“

Schüler mit geistiger Behinderung unterscheiden sich in ihren Lern- und Entwicklungsmöglichkeiten erheblich von gleichaltrigen Mitschülern. Einschränkungen ergeben sich nicht nur hinsichtlich der Lernfähigkeit, sondern auch in Bezug auf die Wahrnehmungsfähigkeit, das Gedächtnis, die Motorik und Aufmerksamkeit. Im Grunde lernen Schüler mit diesem Förderschwerpunkt nicht anders als Schüler ohne diesen Förderschwerpunkt. Einzig das Lernniveau kann je nach Intelligenzminderung ein anderes sein.

Wie hoch ist der Anteil dieses Förderschwerpunktes? 16 % aller Kinder mit Förderbedarf haben den Förderschwerpunkt „Geistige Entwicklung“.

Wie hoch ist die Inklusionsquote in etwa? Die Inklusionsquote liegt bei nur 3,3 %.

Diese Formen geistiger Behinderung sollten Sie kennen:

Down-Syndrom

Das Down-Syndrom oder „Trisomie 21“ ist die häufigste genetische Ursache für geistige Behinderung. Betroffenen Kindern fällt es oft schwer, ihrem auditiven Kurzzeitgedächtnis Leistung abzuverlangen. Rund 75 % leiden auch unter leichter oder mittelgradiger Schwerhörigkeit.

Epilepsie

Ein Kind mit diesem Krankheitsbild kann im Unterricht völlig unauffällig sein. Doch die schwere Erkrankung seines Gehirns kann möglicherweise auch innerhalb des Unterrichts zu einem Krampfanfall führen.

Autismus-Spektrum-Störung

Zeigt Ihr Schüler eine Form der Autismus-Spektrum-Störung, weist er in der Regel eine schwerwiegende Entwicklungsstörung auf. 2 typische Formen, die auftreten können, sind der frühkindliche Autismus und das Asperger-Syndrom. Während Kinder mit frühkindlichem Autismus meist sehr spät anfangen zu sprechen und besondere Förderung in der sprachlichen Entwicklung benötigen, liegt der Schwerpunkt beim Asperger-Syndrom eher im sozialen Bereich. Das Asperger-Syndrom gilt als „leichte Form“ von Autismus und entsteht in der Regel erst ab dem 4. Lebensjahr. Diese Kinder können sprachlich durchaus gewandt sein, manchmal sogar „altklug“ wirken.

Schüler mit geistiger Behinderung zeigen verschiedene Fähigkeiten und Kompetenzen in unterschiedlichen Entwicklungsbereichen.

Geistige Behinderung erkennen

Mithilfe eines standardisierten Intelligenztests wird ermittelt, ob eine geistige Behinderung vorliegt. Dies ist der Fall, wenn ein IQ von unter 70 vorliegt. Bis zu einem IQ von 50 können Kinder in der Regel elementarste Lerninhalte erfassen. Es gibt allerdings auch Krankheitsbilder (z. B. Epilepsie oder Autismus), die nicht in Zusammenhang mit einer Intelligenzminderung stehen.

Wie der Förderschwerpunkt „Geistige Entwicklung“ einzuschätzen ist

Schüler mit geistiger Behinderung zeigen verschiedene Fähigkeiten und Kompetenzen in unterschiedlichen Entwicklungsbereichen. Jedes Kind kommt mit anderen Bedürfnissen in Ihren Unterricht: Das eine braucht vermehrt Unterstützung bei der Entwicklung der Sprache, Wahrnehmung oder einer selbstständigen Lebensführung, das andere bei der Entfaltung der eigenen Persönlichkeit.

Um Ihrem Schüler mit geistiger Behinderung im Unterricht der Regelschule eine förderliche Lernumgebung bieten zu können, sollten Sie folgende Grundlagen kennen:

Beachten Sie alle Ebenen einer geistigen Behinderung

Als Lehrkraft sollten Sie dabei verschiedene Ebenen im Blick haben:

- Medizinischer Aspekt: wesentliche Beeinträchtigung oder Verlust einer Körperfunktion
- Soziologischer Aspekt: erschwerte Teilhabe des Schülers an Aktivitäten seiner Umwelt

Kinder mit dem Förderbedarf geistige Entwicklung werden lernzieldifferent und individuell unterrichtet.

- Psychologischer Aspekt: Auswirkungen auf die Persönlichkeit durch erschwerte Teilhabe

Zentral sind für Sie die Lernbedürfnisse und Lernmöglichkeiten Ihres Schülers. Planen Sie Fördermaßnahmen immer auf Grundlage der individuellen Bedürfnisse, Stärken und Schwächen. Dazu gehört auch, Ihrem geistig behinderten Schüler zu helfen, das Potenzial, das in ihm steckt, zu entfalten, aber auch die Grenzen seiner Leistungsfähigkeit zu akzeptieren.

So unterrichten Sie Schüler mit geistiger Behinderung

Ihre Schüler mit diesem Förderschwerpunkt lernen im Grunde nichts anderes als Schüler ohne diesen Förderschwerpunkt. Ihre Aufgabe ist es, die Kernaspekte, wie u. a. „lebenspraktische“ Inhalte (z. B. der Umgang mit Geld oder das Lesen eines Fahrplans), für sie zu „elementarisieren“. Es gilt: Unterrichten Sie lernzieldifferent, also das gleiche Thema auf unterschiedlichen Anforderungsniveaus. Greifen Sie für Ihre Schüler mit geistiger Behinderung dafür ggf. die elementarsten Kompetenzen heraus.

Berücksichtigen Sie individuelle Bedürfnisse

Geistige Behinderungen können sehr unterschiedlich sein. Deshalb haben Kinder mit dem Förderschwerpunkt „Geistige Entwicklung“ individuellen Förderbedarf. Ermitteln Sie, wie das Kind am besten lernt, und lenken Sie Ihr Augenmerk vermehrt auf die Stärken, nicht auf die Beeinträchtigungen des Schülers.

Das sollten Sie bei schwerpunktübergreifendem Förderbedarf beachten

Es ist möglich, dass Ihr Schüler mit geistiger Behinderung Förderbedarf in einem weiteren Bereich aufweist. Für die Planung Ihrer Förderung ist dies entscheidend, denn zusätzlich zur geistigen Behinderung kann die Wahrnehmung oder Bewegung des Kindes eingeschränkt sein. Hier finden Sie einige Tipps, was bei der jeweiligen Kombination wichtig ist:

Geistige Entwicklung – gekoppelt mit Förderschwerpunkt „Soziale und emotionale Entwicklung“

Für Ihren Schüler sind Regeln, Grenzen und Klarheit besonders wichtig. Um Unterrichtsstörungen vorzubeugen, sollten Sie unbedingt das Anforderungsniveau an die individuelle Lernausgangslage des Schülers anpassen. Damit erreichen Sie eher, dass sich Ihr Schüler der Aufgabe gewachsen fühlt. Dies ist wichtig für seine Motivation und erleichtert ihm, sich mit dem Unterrichtsgegenstand zu befassen und auf eine Aufgabe einzulassen. Arbeiten Sie mit Verstärkerplänen, um positive Verhaltensweisen Ihres Schülers zu fördern.

Schüler mit Down-Syndrom profitieren besonders davon, wenn Sie Unterrichtsinhalte visualisieren.

Förderschwerpunkt „Geistige Entwicklung" - gekoppelt mit Förderschwerpunkt „Hören"

Für Ihren Schüler mit geistiger Behinderung und Hörminderung ist es sehr schwer zu kommunizieren. Darum ist es wichtig, dass das Kind eine spezielle Förderung erhält, mit der es möglichst die Lautsprache erlernt. Damit Ihr Schüler mithilfe der Lautsprache von Ihren Lippen ablesen kann, müssen Sie besonders deutlich artikulieren.

Ihr Schüler ist vielleicht außerdem in der Lage, Geschriebenes zu lesen. Dies eröffnet ihm zumindest, die Kommunikation anderer zu verstehen. Um sich auszudrücken, sollte das Kind möglichst die Gebärdensprache erlernen. Eventuell können Sie in Ihrer inklusiven Klasse diese Zeichen einführen, sodass Ihr Schüler die Möglichkeit hat, mit seinen Mitschülern und auch mit Ihnen in Grundzügen zu kommunizieren.

Förderschwerpunkt „Geistige Entwicklung" - gekoppelt mit Förderschwerpunkt „Sehen"

Für Ihren Schüler, der Förderbedarf in diesen beiden Bereichen zeigt, bleibt ebenfalls ein für das Lernen wichtiger Kanal versperrt. Beachten Sie, dass alles, was Sie im Unterricht visualisieren und zeigen, für Ihren Schüler durch ein Medium ersetzt werden muss, das einen anderen Sinneskanal erreicht. Sie helfen dem Schüler z. B., wenn Sie ihn konkrete Dinge anfassen und ertasten lassen.

Ihr Schüler ist angewiesen auf ein tastbares Leitsystem im Schulgebäude und tastbare Markierungen an Materialkisten für die Frei- oder Wochenplanarbeit im Klassenzimmer. Er profitiert davon, wenn Sie verlässliche Abläufe etablieren und Wechsel (z. B. des Fachs oder der Sozialform) mit einem akustischen Signal unterstreichen.

Bei der Förderung sollten Sie darauf achten, dass alle Sinnesorgane beim Lernen einbezogen werden. Besonders das Sehen und die Wahrnehmung (Low Vision und Sehtraining) sollten Sie bei Ihrem Schüler fördern, außer wenn er unter dem vollständigen Verlust des Sehvermögens leidet.

Förderschwerpunkt „Geistige Entwicklung“ - gekoppelt mit Förderschwerpunkt „Körperliche Beeinträchtigung“

Versuchen Sie, in Ihren Unterricht so viel „Lernen mit allen Sinnen“ wie möglich einzubauen. Jede Form von Körperwahrnehmung unterstützt die kognitive Verarbeitung Ihres Schülers.

Oberstes Ziel sollte es sein, bei Ihrem Schüler ein Höchstmaß an Selbstständigkeit zu erlangen. Alles, was Ihr Schüler tun kann, sollte er tun. Versuchen Sie, ihn dabei zu unterstützen, seine Stärken und vorhandenen Fähigkeiten auszubauen.

Je nach Art der körperlichen Beeinträchtigung kann Ihr Schüler vielleicht nicht laufen oder greifen. Berücksichtigen Sie dies bei Ihrer Planung. Schaffen Sie für das Kind ein Alternativangebot zum Schreiben, wenn es keinen Stift halten kann. Vielleicht kann es mit einem Finger Buchstaben in den Sand schreiben? Es bieten sich außerdem motorische Übungen an, die den Möglichkeiten Ihres Schülers entsprechen.

Achten Sie darauf, keine Wettbewerbe in der Klasse (z. B. im Sportunterricht) zu veranstalten, bei denen der Schüler keine Chance hat oder gar nicht teilnehmen kann. Greifen Sie stattdessen auf kooperative Spiele zurück, die das Wir-Gefühl stärken.

Förderschwerpunkt „Geistige Entwicklung“ - gekoppelt mit Förderschwerpunkt „Sprache“

Bei dieser Koppelung von Förderbedarf sollten Sie wissen, inwieweit Ihr Schüler über die Fähigkeit zu sprechen verfügt bzw. in der Lage ist, diese zu erlernen. Ist ihm die Möglichkeit gegeben, legen Sie den Schwerpunkt auf die sprachliche Förderung, um ihm das Kommunizieren zu erleichtern. Hier gilt es für Sie, viel Geduld und Einfühlungsvermögen aufzubringen.

So unterrichten Sie Schüler mit Down-Syndrom

Kinder mit Down-Syndrom sind oft sehr lernfähig. Die meisten Kinder können Lesen und Schreiben erlernen und erwerben zumindest Grundkenntnisse im Rechnen. Viele von ihnen haben eine gute Prognose, ein weitgehend eigenständiges Leben als Erwachsene zu führen. Dazu brauchen sie Förderung auf allen Gebieten der körperlichen Geschicklichkeit, in den Kulturtechniken, den eigenständigen Verrichtungen des täglichen Lebens, der Sprachkompetenz und den sozialen Umgangsformen in der Gruppe.

So nutzen Sie die Ressourcen von Kindern mit Down-Syndrom

Die sozialen und emotionalen Kompetenzen eines Kindes mit Down-Syndrom sind meist sehr hoch. Es zeigt seine Gefühle, ist herzlich, kontaktbereit und lacht gerne. So fällt die Integration in den Klassenverband oft leicht. Kinder mit Down-Syndrom lernen sehr viel durch Nachahmung und durch „Learning by Doing". Sie profitieren vom gemeinsamen Unterricht enorm, da sie die anderen Schüler als Vorbild nehmen und sich von ihnen motivieren lassen.

Die Besonderheiten des Kindes bei der Förderung berücksichtigen

Trotz der insgesamt guten Lernfähigkeit ist die geistige und körperliche Entwicklung von Kindern mit Down-Syndrom gegenüber nicht behinderten Kindern stark verzögert. Dies wird v. a. verursacht durch:

- das schwache auditive Kurzzeitgedächtnis
- die eingeschränkte Wahrnehmungsfähigkeit
- den Hang, mit Vermeidungsstrategien Anstrengungen und Misserfolgserlebnissen aus dem Weg zu gehen

Anders als die auditive Wahrnehmung ist die visuelle Wahrnehmung bei Kindern mit Down-Syndrom meist sehr gut ausgeprägt, wenn nicht zusätzlich eine Sehminderung vorliegt. Darin liegt der Schlüssel zur erfolgreichen Förderung Ihres Schülers.

Visualisieren Sie wichtige Informationen

Versuchen Sie, bei der Vermittlung von neuen Inhalten und wichtigen Informationen zu einem Thema stets Bilder, Piktogramme oder Anschauungsobjekte zu nutzen. Unterstreichen Sie das Gesagte mit Abbildungen.

Beispiel: Lebenszyklus eines Frosches

Veranschaulichen Sie z. B. die Wörter wie Froschlaich, Kaulquappe (mit Beinen), Jungtier und Frosch mit passenden Abbildungen an der Tafel. Verwenden Sie die gleichen Abbildungen zur Übung auf Arbeitsblättern oder bei Lernspielen. Deuten Sie jedes Mal, wenn Sie das Wort bei der Einführung in das Thema benutzen, auf die Abbildung an der Tafel, bzw. halten Sie die entsprechende Signalkarte in der Hand.

Froschlaich/Kaulquappe/Kaulquappe mit Beinen/Jungtier mit Schwanz/Frosch

Visualisieren Sie Arbeitsaufträge

Führen Sie Bildkarten oder Symbole ein, um Ihre Arbeitsaufträge konkret bezogen auf die jeweilige Arbeitstechnik zu veranschaulichen. Diese können Sie auch auf Arbeitsblättern nutzen, sodass ein Kind mit Lese- und Verständigungsschwierigkeiten selbstständig arbeiten kann.

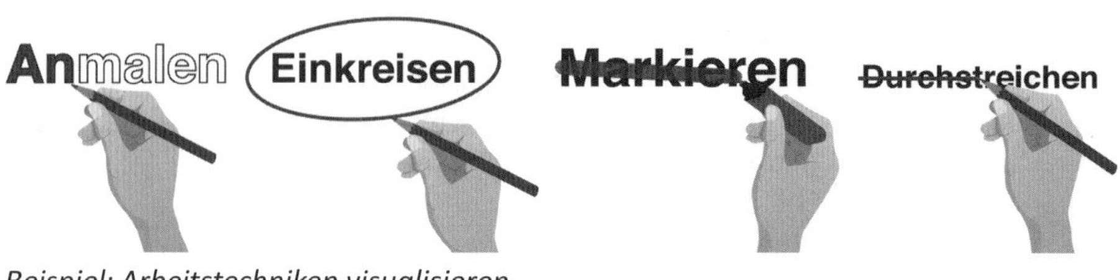

Beispiel: Arbeitstechniken visualisieren

Es lohnt sich, von den Arbeitsheften und Büchern die Titelseite farbig zu kopieren, zu laminieren und für die Visualisierung zu nutzen. So weiß Ihr Schüler, in welchem Heft eine Aufgabe zu erledigen ist. Sie können die eingescannten Titelseiten auch im Wochenplan zur Veranschaulichung nutzen.

Arbeiten Sie mit konkretem Material

Durch den Einsatz von Anschauungsobjekten unterstützen Sie das Lernen Ihres Schülers mit Down-Syndrom. Setzen Sie z. B. in Mathematik Spielgeld ein, wenn das Thema „Rechnen mit Geld" an der Reihe ist. Schaffen Sie eine Verbindung vom realen Objekt (z. B. 4 Bausteine) zu der Abbildung (z. B. von 4 Bausteinen) zur Zahl (z. B. 4).

PRAXISTIPP: Viele Schüler mit Down-Syndrom können sich wichtige Inhalte besonders gut beim Üben mit Memory-Spielen merken. Nutzen Sie diese Methode bevorzugt, wenn sie sich anbietet.

Fördern Sie das Bildleseverständnis Ihres Schülers

Hat Ihr Schüler mit geistiger Behinderung Schwierigkeiten, Lesen und Schreiben zu lernen, trainieren Sie zunächst die präliteral-symbolische Leseleistung. Mithilfe dieser Übungen und des diagnostischen Beobachtungsbogens können Sie das Lesen von Bildern fördern.

Erkennt Ihr Schüler Bilder als Sinn- und Bedeutungsträger, kann ihm dies helfen, sich in seiner Umwelt zu orientieren, ohne Laute lesen zu können. Darüber hinaus ist das Lesen von Bildzeichen eine wichtige Grundvoraussetzung für den möglichen Schriftspracherwerb Ihres Schülers. Es wird ihm z. B. helfen, die Anlautbilder einer Anlauttabelle zu deuten und so den 1. Laut erschließen zu können.

Was Ihr Schüler bereits können sollte

Als Voraussetzung für das Lesen von Bildern gilt, dass Ihr Schüler seine Aufmerksamkeit willkürlich auf ein Bild richten kann. Dazu benötigt er ein weitgehend intaktes Sehvermögen und die Fähigkeit, eine 2-dimensionale Abbildung zu erkennen. Darüber hinaus sollte Ihr Schüler verstehen, dass Bilder eine Person, Sache oder Tätigkeit repräsentieren, die nicht real greifbar ist. Finden Sie heraus, ob diese Voraussetzung gegeben ist: Zeigen Sie Ihrem Schüler ein Bild. Beobachten Sie, ob er seine Aufmerksamkeit auf das Bild richten kann. Lassen Sie ihn sich spontan dazu äußern. Sagt Ihr Schüler nichts zu dem Bild, versuchen Sie, durch Fragen herauszufinden, ob er das Bild als Repräsentanten begreift.

Beispiel: „Kannst du mir das Bild von dem Apfel zeigen?“

Diesen Nutzen hat es für Ihren Schüler

Ihr Schüler kann durch eine gut ausgebildete präliteral-symbolische Leseleistung z. B. Informationen aus Anweisungen oder Bauanleitungen entnehmen. Er kann auch

Geschichten in Bilderbüchern verstehen. Das fördert seine kognitiven Fähigkeiten und auch seine soziale und emotionale Entwicklung sowie sein Empathievermögen.

Diese Übungen können Sie einsetzen

Das Bildleseverständnis können Sie auf vielfältige Weise trainieren. Wichtig ist dabei, dass Sie die Interessen und Fähigkeiten des Kindes berücksichtigen. Je mehr Freude es an den Übungen hat, desto schneller wird es Fortschritte machen.

Übung 1: Bildkarten deuten

Zeigen Sie Ihrem Schüler Karten mit Abbildungen (z. B. Banane, Haus, Eis). Lassen Sie sich vom Kind beschreiben, was es sieht. Wenn das gut klappt, können Sie Fragen zu den Abbildungen stellen, wie z. B.: „Was kannst du essen?“ So lernt Ihr Schüler, Kategorien zu bilden und Oberbegriffe richtig zu nutzen.

Übung 2: Bilder mit Gegenständen umsetzen

Für diese Übung benötigen Sie Bildkarten und entsprechende reale Gegenstände. Es eignen sich Schulmaterialien wie Lineal, Bleistift oder Schere. Legen Sie dem Kind zunächst eine Bildkarte vor. Ihr Schüler soll nun den realen Gegenstand dazulegen. Achten Sie darauf, dass Ihr Schüler den Begriff versprachlicht, wenn ihm dies möglich ist.

Der Einsatz von Fehlerbildern hilft Ihrem Schüler, die Aufmerksamkeit auf Details zu richten.

Variante: Legen Sie 3 Bildkarten auf den Tisch, und stellen Sie 2 der realen Gegenstände dazu. Lassen Sie den Schüler den fehlenden Gegenstand ergänzen.

Übung 3: Fehlersuche im Bild

Sicherlich kennen Sie Fehlerbilder, bei denen Ihr Schüler Unterschiede erkennen und im besten Fall benennen soll. Ihr Schüler kann anhand einfacher Bilder dieser Art üben, sich auf Einzelheiten zu konzentrieren. Beim Benennen der Fehler braucht er Sprachwissen, um diese genau zu beschreiben.

Übung 4: Bildergeschichten verstehen
Legen Sie dem Schüler einzelne Bilder einer Bildergeschichte nach und nach vor. Regen Sie den Schüler an zu nennen, was er sieht und was ihm auffällt. Fragen Sie das Kind, ob es die Bilder in die richtige Reihenfolge bringen kann. Fangen Sie an, dem Schüler die Geschichte zu den Bildern zu erzählen, und lassen Sie ihn übernehmen. Vielleicht kann er beim nächsten Mal schon die Geschichte allein erzählen.

Übung 5: Bilderbücher lesen
Lassen Sie Ihren Schüler auf jeder Seite des Buches erzählen, was er auf den Abbildungen erkennt. Vielleicht nennt und beschreibt er zunächst nur die abgebildeten Personen und Gegenstände. Fragen Sie nach, was die Personen wohl tun. Versuchen Sie, das Kind nach und nach zum Erzählen zu bringen. Unterstützen können Sie das Vorstellungs- und Empathievermögen, indem Sie ihm dazu vorlesen.

Übung 6: Bauanleitungen umsetzen
Mit einfachen Schritt-für-Schritt-Anleitungen und Fotos von Handlungsabfolgen können Sie die Selbstständigkeit Ihres Schülers fördern. Gehen Sie dabei folgendermaßen vor: Besprechen Sie zunächst das 1. Bild gemeinsam, und führen Sie den 1. Schritt zusammen aus. Danach folgt der 2.

Nach etwas Übung lassen Sie ihn die Informationen, z. B. von einer Bauanleitung, selbstständig umsetzen.

So erfassen Sie die Fortschritte Ihres Schülers

Die Lernentwicklung Ihres Schülers im präliteral-symbolischen Bereich können Sie in nachfolgendem Bogen dokumentieren. Tragen Sie dazu in den 3 Spalten rechts einfach das Beobachtungsdatum ein.

Beobachtungsbogen

Mein Schüler ______________________ (Name) …	noch nicht	mit Hilfe	selbstständig
… erkennt auf Bildkarten Gegenstände und kann diese benennen.			
… kann mir die entsprechende Bildkarte zeigen, wenn ich ihn nach einem Gegenstand frage.			

Beobachtungsbogen

Mein Schüler ______________________ (Name) …	noch nicht	mit Hilfe	selbstständig
… kann Gegenstände auf Bildkarten Kategorien zuordnen (z. B. Essen & Trinken, Fahrzeuge, Pflanzen, Tiere).			
… findet selbst einen Oberbegriff für verschiedene Abbildungen einer Kategorie.			
… kann die Verbindung zwischen realem Gegenstand und entsprechender Abbildung herstellen und sie zuordnen.			
… kann mithilfe der Abbildung fehlende reale Gegenstände in einer Konstellation erkennen und ergänzen.			
… kann Unterschiede auf 2 fast identischen Bildern erkennen und benennen.			
… kann einfache Bilder einer Bildergeschichte beschreiben.			
… kann Bilder einer Bildergeschichte sinnvoll anordnen.			
… kann das Erzählen einer Bildergeschichte nach der Einleitung fortsetzen.			
… kann eine Bildergeschichte selbstständig erzählen.			
… beschäftigt sich selbst mit Bilderbüchern.			
… erkennt die Hauptfigur auf den verschiedenen Seiten im Bilderbuch.			
… kann die Bilder im Bilderbuch beschreiben.			
… erkennt Tätigkeiten auf Bildern und kann sie benennen.			
… kann Fotos von Handlungsabfolgen in die richtige Reihenfolge bringen.			
… erkennt, dass die Abbildungen eines Bauplans zur Veranschaulichung der Vorgehensweise dienen.			
… kann etwas anhand eines Bauplans bauen.			

Fazit

Bevor Ihr Schüler mit geistiger Behinderung Lesen lernen kann, sollte er Bilder lesen können. Ihnen steht zur Förderung dieser präliteral-symbolischen Kompetenz eine ganze Reihe von Übungen zur Verfügung. Gehen Sie dabei auf die Stärken und Interessen des Kindes ein.

So fördern Sie einen stabilen Zahlbegriff

Damit Ihr Schüler im Mathematikunterricht später bei Rechenoperationen mit Zahlen und Mengen sicher umgehen kann, sollte er über einen stabilen Zahlbegriff verfügen. Schüler mit geistiger Behinderung können im mathematischen Bereich Schwierigkeiten haben, besonders, wenn es abstrakt wird.

Da ein sicherer Zahlbegriff eine Grundvoraussetzung für mathematische Operationen ist, sollten Sie dem Schüler Zeit lassen und ihm mit folgenden Übungen helfen, diese Kompetenz aufzubauen.

Üben Sie mit Ihrem Schüler die Zahlwörter

Für Ihren Schüler ist es wichtig zu wissen, dass jede Zahl genau für eine Menge steht. Zunächst ist es dazu nötig, dass das Kind die Zahlen lesen kann. Sie können dies mit Zahlenkärtchen üben, die Sie z. B. langsam aus dem „Ratesack“ ziehen. Sobald Ihr Schüler sie erkennt, darf er die Zahl nennen. Als Variante lassen sich auch Zahlenkarten halbieren und richtig zusammensetzen. Achten Sie auf die Versprachlichung des Zahlwortes.

So lernt Ihr Schüler, was die Zahlwörter bedeuten (Kardinalprinzip)

Ihr Schüler soll erkennen, dass die letzte Zahl beim Zählen die Mächtigkeit der Menge angibt und diese durch das Zahlwort repräsentiert wird. Legen Sie dazu eine Menge von Holzklötzchen oder Plättchen auf den Tisch, und bitten Sie Ihren Schüler, diese zu zählen. Fragen Sie am Ende: „Wie viele sind es?“ Lassen Sie nun Ihren Schüler das richtige Zahlenkärtchen zuordnen. Verändern Sie die Menge, und beginnen Sie gemeinsam von vorn.

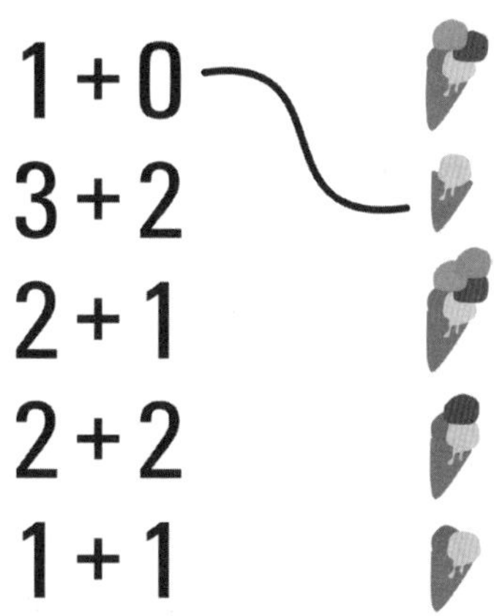

Beispiel: Ihr Schüler soll die Menge an Eiskugeln der entsprechenden Zahl zuordnen.

Gehen Sie nun auf die symbolische Ebene über: Verwenden Sie Abbildungen von Gegenständen, die der entsprechenden Zahl zugeordnet werden sollen.

Trainieren Sie mit Ihrem Schüler das Eindeutigkeitsprinzip

Ihr Schüler lernt, dass jede Zahl für eine ganz bestimmte Menge steht. Legen Sie eine Zahlenkarte auf den Tisch. Lassen Sie den Schüler aus einer Menge an Plättchen oder Holzklötzen die richtige Menge zuordnen.

Üben Sie dies mit verschieden großen Mengen im gewünschten Zahlenraum.

So lernt Ihr Schüler das Prinzip der stabilen Ordnung

Ziel dieser Übung ist, dass Ihr Schüler erkennt, dass es eine feste Ordnung in der Zahlwortreihe gibt. Dazu bietet es sich an, Zahlenkärtchen sortieren zu lassen und anschließend mit realen Gegenständen (z. B. Klötzchen) darzustellen. Der Zahlenstrahl kann zur Unterstützung eingesetzt werden.

Üben Sie mit Ihrem Schüler das Abstraktionsprinzip

Ihr Schüler soll lernen, dass die Menge nicht von der Art des Gegenstandes abhängig ist. Eine schöne Übung ist, verschiedene Gegenstände zur Darstellung der Mengen zu nutzen. Es gibt z. B. 4 blaue Steine, 4 rote Steine, 4 gelbe Plättchen. Ihr Schüler lernt, dass die Gegenstände unterschiedliche Eigenschaften haben können. Legen Sie die verschiedenfarbigen Repräsentanten in kleinen Gruppen auf den Tisch, und lassen Sie das Kind erfahren, dass die Menge sich nicht verändert, indem es jede Gruppe einzeln zählt.

Helfen Sie Ihrem Schüler, die Irrelevanz der Anordnung zu verstehen

Bei dieser Kompetenz ist es das Ziel, Ihrem Schüler zu vermitteln, dass die räumliche Anordnung nichts über die Anzahl aussagt. Auch wenn die Steine oder Plättchen unterschiedlich liegen, sie können doch die gleiche Menge darstellen. Bei dieser Übung ist es ebenfalls wichtig, dass Ihr Schüler durch eigenständiges Zählen der verschiedenen Gruppen erfährt, dass es sich um die gleiche Anzahl handelt, auch wenn die Repräsentanten anders angeordnet sind.

Fazit

Ein stabiler Zahlbegriff ist für Ihren Schüler mit geistiger Behinderung eine wichtige Grundlage für mathematische Operationen. Sie können ihn durch vielfältige Übungen unterstützen, diesen aufzubauen.

Reagieren Sie richtig bei einem epileptischen Anfall

Viele wissen nicht, dass Epilepsie eine Erkrankung des Gehirns ist und zu den geistigen Behinderungen zählt. Ein Kind mit diesem Krankheitsbild kann in Ihrem Unterricht völlig unauffällig sein. Doch die schwere Erkrankung kann möglicherweise auch innerhalb Ihres Unterrichts zu einem Krampfanfall führen.

Besonders wenn Sie zum 1. Mal erleben, wie einer Ihrer Schüler einen epileptischen Anfall hat, kann dies ein einschneidendes Erlebnis für Sie sein. Es ist wichtig für Sie zu wissen, wie Sie sich in solch einer Situation verhalten sollen. Es gibt Verhaltensweisen, mit denen Sie dem Kind helfen, aber auch solche, die gefährlich für es sein können. Folgende Übersicht hilft Ihnen, sich richtig zu verhalten:

Übersicht: Richtiges Verhalten bei einem epileptischen Anfall	
Was Sie tun sollten:	**Was Sie nicht tun sollten:**
1. Bewahren Sie die Ruhe! 2. Registrieren Sie den Anfallsbeginn. 3. Schaffen Sie um das Kind herum Platz. 4. Lockern Sie eng anliegende Kleidungsstücke im Bereich des Halses (z. B. Schal). 5. Betten Sie den Kopf des Kindes auf eine flache, weiche Unterlage. 6. Bringen Sie den Schüler in die stabile Seitenlage nach links, wenn der Anfall vorüber ist. 7. Betreuen Sie das Kind, wenn es zu sich kommt. Geben Sie ihm Zuspruch. 8. Registrieren Sie das Anfallsende.	1. Versuchen Sie nicht, dem Schüler einen Gegenstand in den Mund zu schieben, um einen Zungenbiss zu verhindern. Es droht Erstickungsgefahr. 2. Halten Sie das Kind nicht an Körperteilen fest. Es kann sich dabei die Knochen brechen. 3. Versuchen Sie nicht, dem Kind den Mund zu öffnen, um es zu beatmen. 4. Ergreifen Sie keine sogenannten „Stimulationsversuche“, wie den Schüler zu rütteln oder mit kaltem Wasser „zurückzuholen“. 5. Rufen Sie nicht den Notarzt. (Ausnahme: mehrere Anfälle hintereinander oder Dauer über 5 Minuten)

Hat Ihr Schüler einen Anfall in einer gefährlichen Umgebung (z. B. auf einer Treppe, am Rande einer viel befahrenen Straße, beim Wandertag an einem Abhang), sollten Sie ihn unbedingt aus dieser Gefahrenzone wegbewegen. Dazu ist es notwendig, dass Sie den sogenannten Rautek-Rettungsgriff beherrschen. Gehen Sie dazu folgendermaßen vor:

Übersicht: So wenden Sie den Rautek-Rettungsgriff richtig an
1. Versuchen Sie, hinter den Schüler zu gelangen.
2. Greifen Sie vom Rücken aus mit beiden Armen unter den Achseln des Kindes hindurch.
3. Beugen Sie einen Arm des Kindes.
4. Fassen Sie den gebeugten Arm des Schülers mit beiden Händen von oben.
5. Ziehen Sie den Arm so gegen den Oberkörper des Kindes an sich heran.

Müssen Sie Schüler bei einem epileptischen Anfall bewegen, dann ausschließlich mit dem Rautek-Griff.

Wichtig: Wenden Sie den Griff bei einem epileptischen Anfall nur dann an, wenn die Umgebung eine größere Gefahr für das Kind bedeutet. Möglicherweise bricht sich Ihr Schüler dabei den Arm. Sie müssen abwägen, ob dadurch schlimmere Verletzungen (z. B. des Kopfes beim Zusammenprall mit einem Auto) verhindert werden können. Sichern Sie sich im Vorfeld bei den Eltern ab, welche Maßnahmen Sie ergreifen sollen (Notfallplan, s.u.).

So erstellen Sie mit den Eltern einen Notfallplan

Ein Notfallplan hilft Ihnen, bei einem Anfall die Ruhe zu bewahren und richtig zu handeln, sodass Ihr Schüler die benötigte Hilfe rechtzeitig erhält. Diese schriftliche Vereinbarung sichert Sie auch rechtlich ab, falls dies relevant werden sollte. Klären Sie in diesem Zusammenhang z. B., ob der Rautek-Griff eingesetzt werden soll, und, wenn ja, in welchen Situationen.

<table>
<tr><th colspan="3">Muster eines Notfallplans für einen Schüler mit Epilepsie</th></tr>
<tr><th colspan="3">Notfallplan</th></tr>
<tr><td colspan="3">Vereinbarungen für das Verhalten bei einem epileptischen Fall des Schülers:</td></tr>
<tr><td colspan="3">Findet ein epileptischer Anfall während der Schulzeit statt, wird vereinbart, Folgendes zu tun:
❑ die vereinbarten Erste-Hilfe-Maßnahmen durchführen (auf Beiblatt festhalten)
❑ einen Notarzt rufen,
• wenn ein Anfall länger als ____ Minuten anhält
• wenn ___ oder mehr Anfällen nacheinander auftreten
• wenn: ____
❑ zusätzliche Maßnahmen:</td></tr>
<tr><td>Bei einem Anfall ist stets zu informieren:</td><td>Name:</td><td>Telefon:</td></tr>
<tr><td rowspan="2">Bei einem Anfall ist folgendes Notfallmedikament zu verabreichen:</td><td>Name des Medikamentes:</td><td>Dosierung:</td></tr>
<tr><td colspan="2">Das Medikament soll bei Anfällen von einer Dauer von ________ Minuten verabreicht werden.</td></tr>
<tr><td>Folgende Personen sind berechtigt, das Medikament dem Kind zu verabreichen:</td><td>Name:</td><td>Name:</td></tr>
<tr><td colspan="3">Die ärztliche Verordnung zur Verabreichung des Medikamentes liegt vor: ❑</td></tr>
<tr><td colspan="3">Mit diesen Vereinbarungen erklären sich einverstanden:</td></tr>
<tr><td>Unterschrift der Erziehungsberechtigten</td><td>Unterschrift der Lehrkraft</td><td>Unterschrift der Lehrkraft</td></tr>
</table>

Dokumentieren Sie einen epileptischen Anfall richtig

Nach einem epileptischen Anfall von einem Ihrer Schüler sollten Sie in Absprache mit den Eltern einen Bogen zur Anfallsdokumentation ausfüllen. Dieser kann wichtige Informationen für die Eltern und den Kinderarzt enthalten. Mit dem Ausfüllen des Dokumentationsbogens können Sie Ihrem Schüler also konkret helfen.

Dokumentationsbogen für einen epileptischen Anfall

Name des Schülers:	Datum des Anfalls:	
Name des Beobachters:	Uhrzeit des Anfalls:	
Ort, an dem der Anfall stattgefunden hat:	Dauer des Anfalls: __________ Minuten	
Vor dem Anfall	Vor dem Anfall klagte der Schüler über folgende für ihn typische Warnsignale: (Fügen Sie hier die für den Schüler typischen Merkmale ein und passen Sie diese ggf. an.)	
	❑ Gefühl der Angst	❑ Übelkeit
	❑ Gefühl der Benommenheit	❑ Kopfschmerzen
	❑ Taubheit/Kribbeln in den Beinen	❑ Schmerzen
	❑ Geruchswahrnehmung	❑ ____________________
	❑ Geräuschwahrnehmung	❑ ____________________
	❑ Geschmackswahrnehmung	❑ ____________________
	Vor dem Anfall: ❑ wach ❑ schlafend ❑ müde ❑ stehend ❑ sitzend ❑ liegend ❑ keine Angaben möglich	
Beschreibung der Situation vor dem Anfall mit eigenen Worten:		
Während des Anfalls	Der Beginn des Anfalls war ❑ abrupt.	❑ schleichend.
	Es gab einen Sturz: ❑ ja	❑ nein

Dokumentationsbogen für einen epileptischen Anfall

<table>
<tr><td colspan="3">Im Falle eines Sturzes: Wie sah dieser aus?
❑ „steif“, wie ein Baum fallend ❑ langsames Zusammensacken</td></tr>
<tr><td colspan="3">❑ blitzartiges Zusammensacken ❑ keine Angaben möglich</td></tr>
<tr><td>Gesicht</td><td>❑</td><td>❑</td></tr>
<tr><td>Schulter</td><td>❑</td><td>❑</td></tr>
<tr><td>Arme</td><td>❑</td><td>❑</td></tr>
<tr><td>Beine</td><td>❑</td><td>❑</td></tr>
<tr><td rowspan="13">Ganzer Körper</td><td>❑</td><td>❑</td></tr>
<tr><td colspan="2">Folgende Automatismen konnten beobachtet werden:</td></tr>
<tr><td>❑ Kauen</td><td>❑ Schmatzen</td></tr>
<tr><td>❑ Schlucken</td><td>❑ Wälzen</td></tr>
<tr><td>❑ Stampfen</td><td>❑ Andere:</td></tr>
<tr><td colspan="2">Weitere Beobachtungen:</td></tr>
<tr><td>❑ Speichelfluss</td><td>❑ Tränenfluss</td></tr>
<tr><td>❑ Würgen</td><td>❑ Erbrechen</td></tr>
<tr><td>❑ Einnässen</td><td>❑ Unfreiwilliger Stuhlabgang</td></tr>
<tr><td>❑ Zungenbiss</td><td>❑ Sonstige:</td></tr>
<tr><td colspan="2">Beschreibung der Situation während des Anfalls mit eigenen Worten (auch Ansprechbarkeit, Ausrufe/Laute, Blick-, Kopf-, Körperwendungen):</td></tr>
<tr><td rowspan="3">Nach dem Anfall</td><td colspan="2">Zeit zur Reorientierung (Schüler wieder klar ansprechbar):</td></tr>
<tr><td>❑ sofort</td><td>❑ rasch (ca. nach 10-20 Sekunden)</td></tr>
<tr><td>❑ bis 5 Minuten</td><td>❑ länger als 5 Minuten</td></tr>
</table>

Dokumentationsbogen für einen epileptischen Anfall		
Nach dem Anfall	Verhalten nach dem Anfall:	
	❑ unauffällig	❑ aufgebracht, wütend
	❑ schlafend	❑ müde, abgeschlagen
	Nach dem Anfall lag eine Benennstörung (Schüler findet keine/schwer Worte) vor:	
	❑ ja; Dauer: ____ Minuten	❑ nein
	Traten mehrere Anfälle nacheinander ein?	
	❑ ja: Anzahl: _____ Zeit zwischen den Anfällen: ca. ___________ Minuten	❑ nein
	Beschreibung der Situation nach dem Anfall mit eigenen Worten:	

PRAXISTIPP: Sprechen Sie den Bogen zur Anfallsdokumentation auf jeden Fall mit den Eltern des betroffenen Kindes durch. Lassen Sie sich in diesem Zusammenhang auch Informationen zu den „Warnsignalen“ geben, die der Schüler kurz vor einem Anfall möglicherweise zeigt.

Das hilft Ihnen, besser auf die Situation vorbereitet zu sein und dem Kind möglicherweise zu helfen, sich in eine ruhige ungefährliche Umgebung zu begeben (z. B. Matte auf dem Boden im Nebenraum).

Förderung bei „Autismus“

„Autismus-Spektrum-Störung“ ist der Oberbegriff für Formen dieser tiefgreifenden Entwicklungsstörung, bei der eine schwere Störung des Sozialverhaltens und der Kommunikation im Vordergrund steht: Autisten haben Schwierigkeiten, mit anderen Menschen zu sprechen, Gesagtes richtig zu interpretieren, Mimik und Körpersprache einzusetzen und zu verstehen. Sie leben in einer inneren Zurückgezogenheit.

Anzeichen von Autismus

Die Symptome und die individuellen Ausprägungen von Autismus sind vielfältig, sie können von leichten Verhaltensproblemen, die oftmals als Schüchternheit interpretiert werden, bis zur schweren geistigen Behinderung reichen:

- Schwierigkeiten, mit anderen Menschen zu kommunizieren
- Probleme, Gehörtes und auch Körpersprache richtig zu interpretieren
- Einschränkungen in der sozialen Interaktion
- stereotype oder ritualisierende Verhaltensweisen
- abweichende Verarbeitung von Sinneseindrücken und Wahrnehmungsleistung

Ursachen und Hintergründe

Autismus kann nicht durch Erziehungsfehler hervorgerufen werden. Wahrscheinlich ist, dass Autismus durch verschiedene Bedingungen verursacht wird: genetische Faktoren, neurobiologische und neuropsychologische Auffälligkeiten, Umwelteinflüsse.

Der frühkindliche Autismus: sehr verspäteter Sprechbeginn, Grammatikprobleme; die Gesten des Kindes sind nicht mit Inhalt verbunden; stark eingeschränkte Sprachentwicklung; häufig geistig behindert.

Das Asperger-Syndrom: eine leichte Form von Autismus. Sie entsteht etwa ab dem 4. Lebensjahr. Merkmale: normale frühe Sprachentwicklung, guter Wortschatz (oft „altklug“), außergewöhnliche Interessen; Witz und Ironie werden nicht erkannt. Mögliche Stärken: überdurchschnittliche Intelligenz, Inselbegabungen z. B. im Kopfrechnen; Unfähigkeit, entwicklungsgemäße Beziehungen zu Gleichaltrigen aufzubauen.

Tipps im Umgang mit einem autistischen Schüler

Viele Kinder mit einer autistischen Entwicklungsstörung haben besondere Bedürfnisse an ihr schulisches Umfeld. Sie können bei der Gestaltung von Unterricht und Klassenzimmer gewisse Rahmenbedingungen schaffen, die Ihrem Schüler beim Lernen helfen, wie z. B.:

- klare Rituale und Strukturen schaffen
- möglichst wenig Veränderungen
- konstante Bezugspersonen
- Sozialtraining
- ein „gutes Nebeneinander“ ermöglichen/Integration nicht erzwingen
- Rückzugsmöglichkeiten schaffen (z. B. in der Pause oder in Krisensituationen)

Tipp 1: Strukturieren Sie Abläufe

Ihren autistischen Schülern hilft es, wenn Sie den Tagesablauf transparent machen, z. B. durch Symbole für die einzelnen Fächer in der entsprechenden Reihenfolge. Bei offenen Arbeitsphasen, z. B. wenn Sie Wochenpläne einsetzen, sollten Sie dem Kind viel Struktur geben. Dies erreichen Sie beispielsweise dadurch, dass Sie die Reihenfolge der Aufgaben festlegen und mit dem Schüler zu Beginn durchsprechen. Bereiten Sie Ihren Schüler ganz besonders an ungewöhnlichen Tagen, wie z. B. Ausflügen oder dem Besuch außerschulischer Lernorte, längerfristig vor. Erklären Sie ihm den Ablauf und die Besonderheiten an den Tagen zuvor mehrmals.

Tipp 2: Gestalten Sie das Klassenzimmer übersichtlich

Einem Schüler mit autistischer Entwicklungsstörung hilft es, wenn das Material und die Funktionsbereiche des Klassenzimmers übersichtlich gestaltet sind. Verwenden Sie z. B. immer die gleiche Farbe für die Matheecke, die Kisten mit Mathematik-Material und die Kennzeichnung des Fachs im Stunden- oder auf dem Wochenplan.

Tipp 3: Bieten Sie besondere Materialien an

Für Ihren autistischen Schüler sind Rückzugsmöglichkeiten im Klassenzimmer oder einem Nebenraum hilfreich. Falls Sie die Möglichkeit dazu haben, können Sie dem Kind dort besondere Materialien wie eine Hängematte, Schaukelliege, verschiedene Massagebälle, einen Gymnastikball oder ein Vibrationskissen anbieten, die seine Wahrnehmung fördern. Erklären Sie Ihren Schülern, dass diese Materialien nicht für alle zum Spielen da sind, sondern für besondere Übungen. Bauen Sie auch in die Wochenpläne der anderen Kinder Wahrnehmungsübungen mit diesem Material ein, sodass es nicht zu Streitigkeiten kommt.

Tipp 4: Berücksichtigen Sie die individuellen Lernbedürfnisse

Vielen Schülern mit einer Autismus-Spektrum-Störung hilft ein fester Bezugsrahmen: dieselben Lehrer, dieselben Kinder in der Lerngruppe und eine möglichst kleine Klasse. Teilen Sie deshalb das Kind einer festen Gruppe oder einem festen Partner bei kooperativen Lernformen zu. Sprechen Sie sich im Teachingteam ab, wer der Hauptansprechpartner des Kindes sein soll. Bauen Sie eine Beziehung zu Ihrem Schüler auf. Bedenken Sie außerdem bei der individuellen Förderung, dass autistische Schüler häufig mit gravierenden Änderungen ihres Lernverhaltens verblüffen. Prüfen Sie deshalb regelmäßig seine aktuelle Lernausgangslage mithilfe von Lernstandsdiagnosen. Berücksichtigen Sie auch die besonderen Interessen und Fähigkeiten des Kindes, wie z. B. technische oder historische Lerngebiete.

Tipp 5: Arbeiten Sie mit positiver Verstärkung

Durch die Arbeit mit personalisierten Zielen und Verstärkerplänen können Sie dem Schüler helfen, kleinschrittig positivere Verhaltensweisen aufzubauen. Welche dies sind, hängt stark von der Erscheinungsform der Autismus-Spektrum-Störung und der Persönlichkeit des Kindes ab. Belohnen Sie erwünschtes Verhalten mit positiver Verstärkung, wie die Vergabe von lachenden Gesichtern oder Stickern.

Helfen Sie Kindern mit Autismus-Spektrum-Störung mit visualisierten Arbeitsanweisungen, Aufgaben selbstständig zu bewältigen.

Maßnahmen zur richtigen Förderung eines autistischen Kindes	
Problem/Bedürfnis des Kindes	**So fördern Sie:**
Der Schüler hat Probleme im Aufbau von sozialen Kontakten.	• Unterstützen Sie das autistische Kind mit einem Sozialtraining (z. B. Aufbau von Strategien in sozialen Situationen).
Der Schüler ist in sozialen Situationen schnell überfordert und braucht Sicherheit und Schutz.	• Gewährleisten Sie, dass der Schüler konstante Bezugspersonen bekommt, die möglichst selten wechseln.
Der Schüler hat – trotz seines Autismus – das Bedürfnis nach Teilhabe in der Gemeinschaft.	• Oft hilft es dem Autisten, „dabei“ zu sein (im Sinne eines „guten Nebeneinanders“). Binden Sie ihn in das Klassenleben ein, auch wenn er nicht überall aktiv mitmacht.
Der Schüler hat großes Interesse in speziellen Bereichen.	• Nutzen Sie die Stärken und Interessen des Schülers. Geben Sie ihm immer wieder Gelegenheit, sein Wissen unter Beweis zu stellen, z. B. durch ein Referat über ein Spezialgebiet.
Der Schüler zeigt unpassende Gefühle und Reaktionen.	• Erklären Sie dem Schüler die Situation und seine Reaktion darauf. • Zeigen Sie ihm mögliche alternative Reaktionen auf.
Der Schüler kann Blickkontakt nicht angemessen aufbauen.	• Der Schüler darf erst in den Sitzkreis kommen, wenn er angeblinzelt wird. Dazu muss er Sie anschauen.
Der Schüler kann Gefühle/Bedürfnisse seiner Mitmenschen nicht erkennen bzw. deuten.	• Üben Sie mit dem Schüler das Deuten von Emotionen (z. B. mithilfe eines Mimikwürfels, auf dem verschiedene Gesichtsausdrücke abgebildet sind). • Erklären Sie dem Schüler die Bedürfnisse von anderen individuell sowie klar und sachlich.

Maßnahmen zur richtigen Förderung eines autistischen Kindes	
Problem/Bedürfnis des Kindes	**So fördern Sie:**
Der Schüler versteht soziale Situationen nicht bzw. interpretiert Dinge mechanisch und ohne den Kontext.	• Schaffen Sie Klarheit und Struktur für den Schüler (z. B. durch Bilder, Gegenstände, Markierungen, Schilder). • Erklären Sie dem Schüler die Situation und den Kontext. Nur so kann er verstehen, warum bestimmte Dinge passieren.
Der Schüler weiß nicht, wie er sich in bestimmten sozialen Kontexten verhalten soll.	• Bereiten Sie die Klasse auf den Schüler mit Autismus vor (z. B. durch Bücher: „Davids Welt. Vom Leben mit Autismus“, 2011, Beltz Verlag). • Üben Sie Alltagsverhalten in Rollenspielen.
Die Pausen sind für den Schüler besonders schwer zu ertragen.	• Bestimmen Sie für die Pause einen „Helfer“, der den autistischen Schüler unterstützt. • Stellen Sie für die Pause Rückzugsmöglichkeiten zur Verfügung.
Dem Schüler fällt es schwer, mit anderen in Kontakt zu treten.	• Lassen Sie den Schüler bei Partner- oder Gruppenarbeit den Partner/die Gruppe selbst aussuchen.
Er kann sich nur sehr schwer auf die neue räumliche und soziale Situation einlassen.	• Organisieren Sie eine spezielle Betreuung (z. B. Schulbegleitung, ältere Schüler). • Treffen Sie genaue Absprachen (z. B. Ess- und Schlafgewohnheiten im Schullandheim).
Der Schüler zeigt zwanghafte Verhaltensweisen.	• Zeigen Sie Verständnis, z. B. für die „Ordnungsliebe“. Regen Sie kleine Variationen an.
Der Schüler hat große Probleme mit Veränderungen und besteht energisch auf Gewohnheiten/Rituale.	• Kündigen Sie Veränderungen (und deren Folgen) möglichst frühzeitig an. • Verwenden Sie gleichbleibende Piktogramme, um Beginn und Ende von Arbeitsphasen sowie wechselnde Lernformen anzukündigen.

Maßnahmen zur richtigen Förderung eines autistischen Kindes	
Problem/Bedürfnis des Kindes	**So fördern Sie:**
Der Schüler hat große Schwierigkeiten, Dinge zu planen bzw. mit der Arbeit anzufangen.	• Geben Sie dem Schüler einen Zeitplan für zu erledigende Aufgaben an die Hand. • Setzen Sie den Schüler so, dass er wenig abgelenkt werden kann (nicht ans Fenster). • Geben Sie klare, sachliche Anweisungen (3-4 kurze Sätze). • Betonen Sie wichtige Dinge.
Der Schüler zeigt plötzliche Stimmungswechsel und kann sich diese selbst nicht erklären.	• Schaffen Sie für den Schüler einen Rückzugsort. Beispiele: abgetrennter Bereich im Klassenzimmer, Kopfhörer, Leseecke, Stellwände, Nebenraum etc.

Mit Partnern kooperieren

Halten Sie kontinuierlich Kontakt mit den Eltern. Dadurch entsteht Kontinuität im Umfeld des Kindes. Besprechen Sie sich mit Kollegen, wenn Sie mal wieder zweifeln, ob Sie richtig reagiert haben. Die Reflexion in der Gruppe gibt Ihnen Sicherheit. Halten Sie Kontakt zu dem Sonderpädagogen, dem Arzt für Kinder- und Jugendpsychiatrie, dem Therapeuten. Lassen Sie sich Anregungen für die Bewältigung des gemeinsamen Lernens geben.

Durch den Schulbegleiter entlasten

Manche Schüler mit Autismus erhalten erst durch eine Schulbegleitung die Möglichkeit einer angemessenen Schulbildung. Der Schulbegleiter

- unterstützt bei der Kommunikation,
- begleitet in sozialen Situationen,
- erfüllt den erhöhten Betreuungsaufwand,
- bietet Unterstützung bei Rückzug und in Überforderungssituationen.

Fazit

Setzen Sie bei der Förderung vor allem auf Sozialtraining und die Wahrnehmung sowie Benennung von Gefühlen. Viele Kinder mit einer autistischen Störung zeigen einen besonderen Bedarf an festen Ritualen und Abläufen und lernen am besten mit einer festen Bezugsperson. Bedenken Sie dies, wenn es zu geänderten Abläufen (z. B. Wandertag oder Projektwoche) kommt.

Förderschwerpunkte „Körperliche und motorische Entwicklung“, „Sehen“, „Hören“ und „Kranke“

Kinder mit einer körperlichen Behinderung oder Erkrankung brauchen an der Schule spezielle Bedingungen, die ihnen das Lernen im Unterricht mit nichtbehinderten Kindern ermöglichen. Je nach Art der Behinderung oder Erkrankung sind die Bedürfnisse verschieden: Ein blinder Schüler profitiert von taktilen Markierungen in den Räumen. Ein schwer hörgeschädigtes Kind muss nicht nur von den Lippen ablesen, sondern auch die Stimme des Lehrers verstärkt hören können. Ein Kind, das im Rollstuhl sitzt, kommt nicht ohne Rampe oder Aufzug aus. Ein Kind, das wegen einer schweren chronischen Erkrankung monatelang vom Unterricht fernbleiben musste, will wieder gut in die Klassengemeinschaft aufgenommen werden.

Schüler, die im Rollstuhl unterwegs sind, sollten sich selbstständig auf dem Schulhof und im Schulgebäude fortbewegen können.

Das bedeuten diese 4 Förderschwerpunkte:

Körperliche und motorische Entwicklung

Die Bewegungsmuster oder die Steuerung des Körpergefühls können gestört sein. Manche Schüler sind z. B. gelähmt.

Sehen

Der Schüler kann nicht oder nur sehr wenig sehen.

Hören

Der Schüler leidet an einer Hörminderung oder ist stark hörgeschädigt.

Kranke

Kinder, die an einer schweren körperlichen oder psychischen Erkrankung leiden, können vielleicht über längere Zeiträume (immer wieder) nicht in die Schule gehen. Häu-

Kinder mit einer körperlichen Behinderung oder einer Erkrankung brauchen neben Unterstützung oft bestimmte räumliche Voraussetzungen.

fig betroffen sind Schüler mit Krankheiten, wie z. B. Krebs, Rheuma, Essstörungen, Diabetes mellitus oder Asthma.

Körperliche Beeinträchtigungen können erblich bedingt oder durch eine Krankheit von Geburt an vorliegen. Es ist außerdem möglich, dass diese durch einen Unfall oder Erkrankung in der Kindheit erst verursacht wurden.

Förderschwerpunkt	Körperliche und motorische Entwicklung	Sehen	Hören	Kranke
Wie hoch ist der Anteil dieses Förderschwerpunktes?	6,5 %	1,5 %	3,1 %	2,1 %
Wie hoch ist die Inklusionsquote in etwa?	19,5 %	27,1 %	26,3 %	1,4 %

So helfen Sie einem Kind mit Förderschwerpunkt „Körperliche und motorische Entwicklung“

Kinder mit einer körperlichen Behinderung brauchen nicht nur Ihre besondere Unterstützung, sondern oft auch bestimmte räumliche Voraussetzungen, damit ein gemeinsames Lernen mit den anderen Kindern funktioniert.

Man spricht von Körperbehinderung, wenn infolge einer Schädigung des Stütz- und Bewegungsapparates oder anderer organischer Schädigungen die Bewegungsfähigkeit eines Menschen beeinträchtigt ist. Krankheitsbilder, die zu körperlichen Beeinträchtigungen führen, können vielfältig sein:
- angeborene Beeinträchtigung des Bewegungsapparates,
- Schädigung oder Fehlbildung des Skelettsystems,
- Amputationen aufgrund von Unfällen, Gefäßerkrankungen oder Tumoren,
- Erkrankungen des zentralen Nervensystems (Multiple Sklerose, Spastik, erworbene Querschnittslähmung).

Bei vielen körperlich beeinträchtigten Kindern wird bereits sehr früh mit einer umfassenden Intensivförderung begonnen. Ziel ist, die negativen Auswirkungen auf die Gesamtpersönlichkeit des Kindes zu mildern oder zu verhindern. Dennoch ist es möglich, dass Ihr Schüler nicht nur körperlich eingeschränkt ist, sondern dass auch sein Selbstwertgefühl, seine soziale Kompetenz, Sprache oder auch Wahrnehmung leiden. Meist sind Selbstverwirklichung und soziale Interaktion erschwert. Kognitiv sind Schüler mit körperlicher Beeinträchtigung ihren Mitschülern häufig allerdings sogar überlegen.

Technische Hilfen anbieten

Je nach Grad der eingeschränkten körperlichen und motorischen Entwicklung können technische Hilfsmittel für den beeinträchtigten Schüler eine große Unterstützung darstellen:
- Elektronische Hilfsmittel, z. B., um Arbeitsblätter am PC zu bearbeiten, große Tastatur
- Arbeitshilfen, z. B. eine rutschfeste Unterlage, spezielle Stifte und Scheren
- Leseständer für Bücher
- Laptop oder ein Tablet-PC als Schreibhilfe, auch für Hausaufgaben
- für Mathematik: ein Taschenrechner mit größeren Tasten, ein Spezialzirkel
- Orthopädische Hilfsmittel, z. B. Haltegriffe

Fördern Sie wenn möglich die Feinmotorik

Einige Schüler weisen eine stark eingeschränkte Feinmotorik auf, da sie wie bei einer spastischen Lähmung beispielsweise nicht gut Druck auf den Stift aufbauen können. Unterstützen Sie das Kind z. B. durch folgende Maßnahmen:

- Reduzieren Sie den Umfang der schriftlichen Aufgaben.
- Kopieren Sie Hefteinträge, sodass der Schüler nicht viel abschreiben muss.
- Vergrößern Sie Arbeitsblätter auf DIN A3.

Sorgen Sie für Barrierefreiheit

Berücksichtigen Sie die individuellen Bedürfnisse des Schülers je nach Art seiner Beeinträchtigung. Denken Sie dabei an:

- Rampen und Aufzüge
- Türklinken, die gut erreichbar sind
- Sitzmöbel, die z. B. die Tonusregulierung unterstützen

Tipps zur Schaffung von Barrierefreiheit im Schulalltag	
Treppen und Kanten	Kürzere Treppen und Absätze können meist mit einfachen Rampen begehbar gemacht werden. Bei längeren Treppen ist der Einbau eines Aufzugs notwendig.
Türklinken	Mit einem angeknoteten Seil werden diese auch für kleinwüchsige Kinder oder Rollstuhlfahrer erreichbar.
Sanitäre Anlagen	Die behindertengerechte Toilette sollte breit genug sein, dass ein Kind im Rollstuhl diese selbstständig nutzen kann. Haltegriffe sind ebenfalls zu installieren. Es sollte bei Bedarf ein Pflegeraum mit Liege, Wickeltisch und Dusche eingerichtet werden.
Sitzmöbel	Ein angepasster Stuhl mit Fußpodest ist für das Kind wichtig. Mit einem Keilkissen können Körperteile beim Sitzen entlastet werden. Manchen Schülern hilft ein Wackelkissen bei der Tonusregulation. Hier gilt ebenfalls: Notwendig ist, was den Bedürfnissen des Kindes entspricht.
Tische	Der Tisch des Schülers sollte möglichst schrägstellbar und mit rutschfester Unterlage versehen sein. Auch bei der Gestaltung des Klassenzimmers und dem Stellen anderer Tische ist zu beachten, dass sich der Schüler selbstständig auf seinen Platz begeben kann. Spezifische Bereiche des Klassenzimmers und Lernmaterialien sollten für ihn erreichbar sein.

- höhenverstellbare Tische
- behindertengerechte Sanitäranlagen

Fazit

Als Lehrkraft eines Schülers mit körperlicher Behinderung gilt es nicht nur, die besonderen Bedürfnisse des Kindes im Blick zu haben und für Barrierefreiheit zu sorgen, sondern auch auf Rücksichtnahme und sozialen Zusammenhalt in der Klasse zu achten.

So richten Sie sich auf Sehbeeinträchtigungen ein

Unterstützen Sie einen Schüler mit Förderschwerpunkt „Sehen“ in Ihrer Klasse mit verschiedenen Hilfsmitteln, aber auch mit dem Aufbau eines starken Selbstwertgefühls und durch ein soziales Klassenklima.

Folgende Behinderungen können vorliegen:

Sehbehinderung:
- Sehleistung liegt bei weniger als 30 %

Hochgradige Sehbehinderung:
- stark eingeschränktes Sehvermögen
- spezielle Hilfen notwendig
- Sehleistung liegt bei weniger als 10 % (trotz Sehhilfe)

Blindheit:
- massive Sehschädigung
- Sehsinn kann nicht benutzt werden
- Sehleistung liegt bei weniger als 2 % (trotz Sehhilfe)

Unterstützen Sie die Mobilität und Orientierung des Kindes

Helfen Sie dem Kind, das vorhandene Sehvermögen möglichst effektiv zu nutzen. Dabei können folgende Hilfsmittel nützlich sein:
- Sitzplatz in der 1. Reihe
- Monokulare
- ausreichend Platz für ein Bildschirmlesegerät oder eine Arbeitsplatzbeleuchtung

- Wege am Boden z. B. mit Leuchtstreifen markieren
- ertastbare Markierungen, z. B. indem Materialien mit 3-dimensionalen Aufklebern versehen werden, sodass der Schüler diese ertasten kann

Fördern Sie Sprache und Kommunikation

Lesen, Schreiben und Kommunizieren sind elementare Fertigkeiten, um sich in unserer Umwelt zurechtzufinden. Versuchen Sie, dem Schüler die Scheu zu nehmen, seine Bedürfnisse zu äußern und um Hilfe zu bitten. Sprechen Sie im Unterricht über die Bedeutung von Mimik und Gestik. Individuelle Hilfen können außerdem sein:

- Inhalte versprachlichen, digitalisieren und/oder in Brailleschrift übertragen
- Arbeitsblätter vergrößern (von A4 auf A3)
- zusätzliche Arbeitszeit bei Übungen und bei Leistungserhebungen
- Patenschaft/Tutorensystem

Üben Sie sensorische und motorische Fähigkeiten

Fördern Sie gezielt Selbstwahrnehmung, Körperbewusstsein, (visuelle) Wahrnehmung, Farbdifferenzierung, Auge-Hand-Koordination und Gleichgewicht.

Fördern Sie soziale Kompetenz und Selbstwertgefühl

Geben Sie dem Kind positive Rückmeldung, und stärken Sie seine realistische Selbsteinschätzung. Übertragen Sie ihm seinen Fähigkeiten entsprechende Aufgaben, die sein Selbstwertgefühl stärken. Achten Sie auch auf ein soziales Klima in Ihrer Klasse.

Für Ihren Schüler mit Förderschwerpunkt „Hören“ können Sie eine ganze Reihe von Maßnahmen ergreifen, die ihm den Schulalltag erleichtern.

Denken Sie auch an lebenspraktische Fertigkeiten

Schüler mit Sehschädigung brauchen häufig Unterstützung beim Erlernen von Essenstechniken und täglichen Handlungsabläufen wie dem An- und Ausziehen oder dem Ordnen des Arbeitsplatzes. Ein Schulbegleiter kann in diesem Fall hilfreiche Unterstützung leisten.

PRAXISTIPP: Es gibt einige Kinderbücher, die in Brailleschrift transformiert wurden. Im Angebot sind eine Menge Klassiker wie „Emil und die Detektive“ und „Das doppelte Lottchen“ von Erich Kästner oder die „Sams“-Reihe von Paul Maar. Die Auswahl wird ständig erweitert. Hier können Sie sich einen Überblick verschaffen: http:// shop.braillekinderbuecher.de/.

Dies gilt es beim Förderschwerpunkt „Hören“ zu beachten

Rund um diesen Förderschwerpunkt gibt es eine Reihe von Tipps, die es Ihrem Schüler erleichtern, am Unterricht teilzuhaben. Hier eine kurze Einordnung der Symptome:

Gehörlosigkeit:
- vollständiger Verlust des Gehörs
- Kommunikation erfolgt meist über Gebärdensprache und/oder Lippenlesen

Schwerhörigkeit:
- unterschiedlich hoher Hörverlust
- Kommunikation erfolgt über das Hören, meist über Hilfsmittel wie z. B. Hörgeräte oder Induktionsanlagen

Beachten Sie die folgenden Tipps für die Unterrichtspraxis

Sprache ist das Medium, das für alle Unterrichtsfächer wichtig ist: Inhalte, Anweisungen, Rituale – all dies wird über sprachliche Mitteilungen transportiert. Achten Sie beim Förderschwerpunkt „Hören“ auf folgende Aspekte:
- Stellen Sie möglichst Blickkontakt zu dem Schüler her.
- Ermöglichen Sie dem Kind durch die Sitzordnung (z. B. Halbkreis), bei Ihnen und seinen Mitschülern von den Lippen abzulesen.
- Achten Sie dabei auf klares, nicht zu schnelles Sprechen.

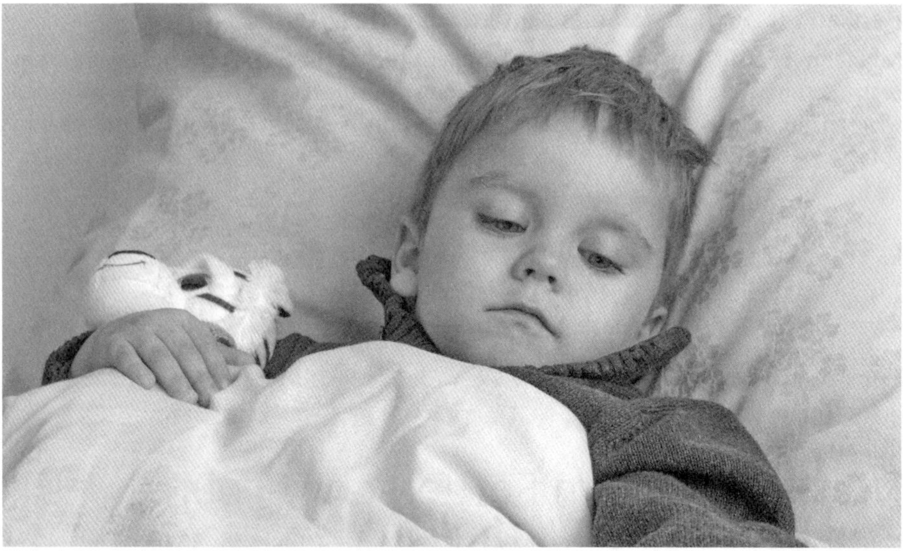

Halten Sie Ihrem kranken Schüler den Rücken frei.

- Vermeiden Sie Neben- und Störgeräusche, und sorgen Sie für eine ruhige Arbeitsatmosphäre.
- Unterstreichen Sie Gesagtes mit passender Mimik und Gestik, bei gehörlosen Schülern möglichst auch mit Gebärdensprache.
- Fixieren Sie wichtige Inhalte, und unterstützen Sie Aussagen durch Wort- bzw. Bildkarten.
- Visualisieren Sie Arbeitsaufträge und lassen Sie sie wiederholen.
- Bieten Sie bei mündlichen Lernzielkontrollen die Fragen auch schriftlich an.
- Ermöglichen Sie Konzentrations- und Hörpausen.
- Der beste Abstand zwischen hörgeschädigtem Schüler und Lehrkraft beträgt 3 m.

Diese Hilfsmittel und Maßnahmen helfen Ihrem Schüler

Ihr Schüler wird sicherlich ein Hörgerät tragen, wenn dies seine auditive Wahrnehmung unterstützt. Auch für Sie als Lehrkraft gibt es 2 Möglichkeiten, diese technisch zu fördern:

1. FM-Anlage: Sie sprechen in einen Sender, Ihr Schüler hört über einen Empfänger. Nachteil: Ihr Schüler hört die anderen Schülerbeiträge nicht (so gut).
2. Freifeldanlage: Es gibt Sender für Schüler- und für Lehrerbeiträge. Das hörgeschädigte Kind hört alle Äußerungen über den Empfänger.

Fazit für alle 3 Schwerpunkte mit körperlicher Beeinträchtigung

Mithilfe von technischen und baulichen Maßnahmen können Sie Ihre Schüler unterstützen. Fördern Sie ihre Mobilität, aber auch ein positives Selbstwertgefühl sowie eine realistische Selbsteinschätzung.

Wie Sie mit chronisch kranken Schülern umgehen

Kinder, die an einer schweren, oft chronischen Erkrankung leiden, können Ihren Unterricht vielleicht nicht regelmäßig besuchen. Deshalb steht für sie die Schule oft im Hintergrund. Ihr Gesundheitszustand lässt es manchmal über Wochen oder Monate nicht zu, dass sie Ihren Unterricht besuchen können. Bei ihnen geht es nicht selten ums Überleben.

Stimmen Sie sich mit den Eltern ab

Klären Sie mit den Eltern, welches Material und welche Informationen sie benötigen, um die Beschulung des Kindes zu Hause oder im Krankenhaus fortzuführen. Besonders hilfreich können aktuelle Lernstandsdiagnosen oder Kompetenzraster sein. Sprechen Sie auch mit den Eltern ab, welche Informationen an die Klasse und andere Eltern getragen werden dürfen.

Kooperieren Sie mit den Pädagogen

Wenn die Eltern dies wünschen, halten Sie Kontakt zu der Lehrkraft, die das Kind ambulant oder stationär unterrichtet. Sorgen Sie für eine enge Absprache, was den Stoff und Leistungsstand angeht. Geben Sie ggf. Materialien weiter.

Helfen Sie der Klasse zu verstehen

Je nach Offenheit und Wunsch der Eltern erklären Sie am besten Ihrer Klasse, was mit dem Mitschüler los ist. Sorgen Sie für ein positives Klassenklima, sodass Ihr Schüler wieder gut aufgenommen wird, wenn er zurückkehrt.

Fazit

Einen (chronisch) kranken Schüler unterstützen Sie am besten, indem Sie ihm eine Rückkehr in die Klasse und die Lernentwicklung jederzeit offenhalten. Eine Leistungsfeststellung sollte bei Ihrem Schüler nur dann stattfinden, wenn er körperlich und psychisch in der Lage war, den Stoff aufzunehmen, und sich bereit dazu fühlt, dies unter Beweis zu stellen.

Ausblick: Kinder mit sonderpädagogischem Förderbedarf unterrichten

Inklusion bedeutet, die erweiterte Heterogenität im Klassenzimmer zu beachten und die Vielfalt aller Schüler zu würdigen. Dies erfordert einen Unterricht, der sich durch ein hohes Maß an individualisierenden Lernmöglichkeiten auszeichnet. So kann jedes Kind auf seinem Niveau Lernfortschritte erzielen.

Ein weiterer Grundgedanke der Inklusion ist das Mit- und Voneinanderlernen. Vieles lernt ein Schüler mit sonderpädagogischem Förderbedarf in der Klassengemeinschaft durch das Beispiel der anderen Schüler, vor allem in alltäglichen lebenspraktischen Abläufen. Auch die Sprach- und Verhaltensvorbilder regen zur unbewussten Übernahme an. Doch auch die Schüler ohne Förderbedarf profitieren vom Miteinander: Soziale Kompetenzen wie Toleranz, Hilfsbereitschaft, Empathie und Teamfähigkeit werden gestärkt.

Mithilfe der Informationen aus dieser Broschüre haben Sie nun die Möglichkeit, Ihren Unterricht noch stärker an den individuellen Bedürfnissen eines Schülers oder mehrerer Schüler mit Förderbedarf auszurichten. So können Sie passgenauer fördern und einen gesellschaftlichen Auftrag wahrnehmen, der weit über die Grenzen Ihres Schulhauses hinausgeht.

Stichwortverzeichnis

Stichwort ....Seite

Stichwort . . . . Seite